平成政権史

芹川洋一

日経プレミアシリーズ

序章　平成がはじまった

昭和64年1月7日午後2時36分、首相官邸の記者会見室。「……」――しばし沈黙がつづいた。張りつめた空気のなか、小渕恵三官房長官がやおら口をひらいた。

「新しい元号は、平成、であります」

右側においてあった額入りの色紙を右に左に高くかかげた。

この日朝、午前5時前、東京・代沢の竹下登首相の私邸の電話がなった。藤森昭一宮内庁長官からだった。昭和天皇の容体の急変を伝えるものだった。午前6時16分、竹下は私邸を出た。記者団には「官邸に向かう」とひとこと厳しい表情で語った。

首都高速道路を走っている車中に、宮内庁から「陛下に拝謁していただきたい」との電話連絡が入った。首都高速の代官町出口でおりて皇居に向かった。乾門をへて吹上御所に入った。午前6時27分だった。昭和天皇に拝謁した。官邸についた竹下は記者団に「陛下は静かにお休みになっていた」と語った。

午前6時33分、昭和天皇が逝去された。

大正から昭和が若槻礼次郎、昭和から平成が竹下。いずれも島根出身。因縁めいたものを感じさせた。

最初の閣議は午前8時22分に開いた。哀悼の意を示す「総理大臣謹話」を決定した。このあとの記者会見で竹下が読みあげた。

昼前から政府は新元号の選定作業に入った。午後1時3分、8人の委員からなる「元号に関する懇談会」がはじまった。小渕が「平成」「修文」「正化」の3案を示した。8人の委員のうち6人が平成だった（石原信雄『首相官邸の決断』中央公論社1997年・36頁）。

午後1時24分、小渕が衆参両院の正副議長に伝えた。午後1時49分、臨時閣議で了解をえた。正式に新元号が決まった。昭和天皇崩御から8時間後のことだった。

昭和がおわった。翌1月8日から平成がはじまった。西暦1989年である。

内政審議室長として元号選定の事務の責任者だった的場順三は平成の考案者は山本達郎・東大名誉教授だと断言する（「文藝春秋」2018年2月号）。

しかし竹下の当時の証言によると、陽明学者・安岡正篤が考案した案のなかに平成があった。ただ物故者の案は採用できない。そこに新たに委嘱した学者（山本名誉教授）の案にも平成があったので、それを採用したかたちをとったというのが正解だろう（後藤謙次『竹下政権・五七六日』（行研２０００年・２２２〜２２４頁）。

すべては１９８９年からはじまった

歴史とは不思議なものである。振りかえってみると、なぜか、ここが時代の節目だったという年があるものだ。世界史でそれは１９７９年だという。

この年を世界史の転換点としてあげているのが米国のジャーナリストのクリスチャン・カリルだ。『すべては１９７９年から始まった』（２０１３年／北川知子訳・草思社２０１５年）でドキュメンタリー映画をみるように描いている。

鄧小平による改革開放、サッチャー英首相による新保守主義、ホメイニによるイラン革命、ソ連の軍事侵攻によるアフガン戦争、そしてヨハネ・パウロ2世の祖国ポーランド訪問という5つのできごと、「5つの物語」が、くしくもこの年にはじまったからだ。

「79年に解き放たれた力は、20世紀のかなりの部分を支配してきた社会主義ユートピアの終焉の始まりを意味していた。……長年無視されてきた『市場』と『宗教』という2つの力が、猛烈な勢いで舞い戻って来たのが、１９７９年だった」（14頁）と論じる。われわれが生きている21世紀の起点はここにあるというわけだ。

ひるがえって日本はどうか。目をこらしてみると、不思議なことになぜか、いろいろなできごとが平成とともにはじまっている。今日につづく物語がここにある。日本は10年遅れて『すべては1989年から始まった』のである。そう『すべては平成元年から始まった』のである。それも世界よりはひとつ多い「6つの物語」である。

第1の物語は天皇制である。昭和のおわり、平成のはじまりとは、神聖天皇制のおわり、象徴天皇制のはじまりといいかえていい。

1945年（昭和20年）の敗戦、46年年頭の天皇の「人間宣言」、47年の日本国憲法の施行で、たしかに制度上「天皇は、日本国の象徴であり日本国民統合の象徴」（第1条）になった。しかし戦前の教育を受けた人たちにとって天皇はあくまでも「神聖にして侵すべからず」（大日本国憲法第3条）だった。明治・大正世代はもちろん昭和の戦前世代にとっても、昭和天皇は戦争の記憶と結びつきながら、意識の奥で神聖・不可侵の存在だった。

戦争がおわって44年、昭和64年1月7日。天皇崩御による改元、皇太子の即位によって新しい時代のとびらが開かれた。

名実ともに象徴天皇制がはじまったのはこの年だった。それから30年、新しい天皇像を模索してきたのが今の天皇皇后両陛下だ。

憲法に定める国事行為と私的行為の間の「公的行為」をつうじて国民に寄りそい、昭和の痛み と向き合い、象徴天皇の新たなかたちをつくりあげた。

2016年8月8日のビデオメッセージで「次第に進む身体の衰えを考慮する時、これまでのように、全身全霊をもって象徴の務めを果たしていくことが、難しくなるのではないかと案じています」と訴え、退位への理解を求めた。それがすんなり受け入れられたことこそ、新しい天皇制の浸透ぶりを示すものだった。

第2の物語は政治である。1955年からつづいた自民党長期単独政権のおわりのはじまりがこの年だった。連立の時代である平成政治の起点はここにある。

87年の中曽根康弘首相の後継指名で発足した竹下登内閣は、党内の最大派閥である竹下派をバックに長期政権になるとの見方がもっぱらだった。ところが88年に発覚したリクルート事件で暗転、政権崩壊へとつながっていった。

89年4月からの3%の消費税導入を決定、負担増への反発も招いた。竹下内閣の後継となった宇野宗佑内閣で7月の参院選にのぞんだものの、消費税導入・女性問題・農産物の輸入自由化の3点セットで自民党は惨敗、参院での与野党逆転をまねいた。それから衆参両院での与野党のねじれ現象がつづき、自民が単独過半数を回復したのは２０１６年の参院選で、選挙にして９回かかった。

90年の衆院選で自民党は安定多数を確保するものの、93年の衆院選で敗北、非自民連立の細川護熙内閣が誕生し、ついに38年つづいた自民党長期単独政権に終止符が打たれた。

94年には自民・社会・新党さきがけの３党連立の村山富市内閣で自民党は与党に復帰、その後、公明党との連立、民主党による政権交代、自公連立での政権復帰と今日にいたる政治の激流のはじまりは１９８９年だった。

第３の物語は経済である。昭和の右肩上がりの経済がおわり、平成の「失われた20年」のはじまりが準備されたのがまさにこの年だ。

東京証券取引所で平成になって最初の取引があったのは89年１月９日。日経平均は３万６７８円だった。その年末の大納会は３万８９１５円と史上最高値をつけた。バブルの絶頂だった。そこから急落、90年10月には一時２万円を割りこみ、ピーク時の半値前後の水準になった。

その後、一進一退をくりかえし、バブル後の底入れは２００３年5月、りそな銀行への公的資金の投入まで待たなければならなかった。金融機関の不良債権の処理にてまどった結果だ。

さらにバブル後の最安値はリーマンショック後の2009年3月10日で7054円まで落ち込んだ。

名目GDPがそれまでの最高だった97年534兆円をやっと上回ったのが2016年で537兆円。不良債権の処理にもたついたうえに民間企業の技術革新もおこらず、長期デフレの淵に沈んだ。

2010年にはついにGDPで中国に抜かれ、世界2位の経済大国の座からすべり落ち、今や経済規模では中国の半分になってしまった。

日本経済はどこをピークに転がり落ちはじめたのかと考えるとき、89年はやはりひとつの分岐点になる。

第4の物語は安全保障である。戦後の米ソ冷戦構造のもと日米安保体制に守られた米国依存のあり方が問い直されることになった。国際的な貢献を迫られ、多極化への対応を求められる平成の時代のはじまりだった。

この動きはそれまでタブー視されてきた日本国憲法改正の議論にも火をつけた。今日につづく改憲論議の出発点がここだ。

風は西から吹いてきた。1989年11月、ついにベルリンの壁が崩れた。12月の地中海のマルタでのブッシュ(父)米大統領とゴルバチョフ・ソ連共産党書記長の首脳会談で冷戦は終結した。

日本の安全保障の環境ががらりと変わったのである。超大国・米国におんぶにだっこで、実質的にはその極東軍の一部としてソ連にらみの防衛戦略が時代にそぐわないものになっていった。

最初におこったのは90年の湾岸危機だ。米国が求める人的貢献をするための法律の制定をめざしたが、政府内の混乱もあり審議未了で廃案となった。翌91年の湾岸戦争でも日本は人的貢献を求められた。しかし、これにこたえることができず、多国籍軍に総額130億ドルの資金協力をしたものの評価されなかった。これが日本の指導者層にはトラウマとなった。

92年にPKO(国連平和維持活動)として初めて自衛隊をカンボジアに派遣。03年のイラク戦争に絡んでは、戦後復興のために自衛隊をイラクに送った。始まりは89年だった。

第5の物語は社会のつながりである。アナログの昭和から、デジタルの平成へと移ろうとしていたのが89年だった。

日本のインターネットの父と呼ばれる村井純・慶大教授がインタビューで次のように語っている。

「日本のネットワークを米国のインターネットと常時接続させたのは89年1月15日だと記憶しています。この仕事のため1月7日の朝、米国に向かう際に成田空港で『天皇陛下崩御』の号外を読みました。日本のインターネットの歴史は平成と共にあるのです」（毎日新聞18年4月20日付朝刊）

ＮＴＴドコモがｉモードをはじめたのは99年。ガラケーからスマホへと移り、ＳＮＳ（交流サイト）で人と人が直接つながった。個人が自ら発信するメディアになり、人びとの意識は確実に変わった。世論形成もマスメディアの独占ではなくなった。

ネットは世界を狭くして新たなつながりを生む。人間関係、ビジネスも昭和のころとは異なったかたちができあがっている。いじめ、デマもネットで拡散していく。シェア経済、人工知能のマッチング機能などネットを通じて世の中はどんどん動いていく。

現在、この国にはネットをどこまで使いこなしているかで二色の日本人がいる。アナログの昭和に物心がついた50歳から上の日本人Ａ。スマホが身体の一部になっている40歳より下の日本人Ｂ。そのふたつが交じり合った汽水域の40代。平成＝ネットの歴史は、世代の違いにも重なり合っているようだ。

第6の物語は人口減少である。少子化のはじまりが89年だった。

ひとりの女性が生涯に産む子どもの数である合計特殊出生率が１・５７と、出生率がそれまでの最低だった丙午《ひのえうま》（この年に生まれた女性は夫を殺すという迷信があって出産が忌避された）の年の66年の１・５８を下回ったのが89年だった。「１・５７ショック」といわれた。

日本の出生率は、終戦直後は4を超えた。出生数は約２７０万人。47年から49年の第1次ベビーブームがそうだ。団塊の世代である。その世代が出産適齢期をむかえた71年から74年にかけて第2次ベビーブームがおとずれた。出生率は2を超え、出生数は約２１０万人だった。

その後低下をつづけ、89年についに過去最低を記録した。わかったのは翌90年になってからだったが、92年の国民生活白書ではじめて「少子化」ということばが登場した。政府は94年に「今後の子育て支援のための施策の基本的方向について」（エンゼルプラン）を定め少子化対策を打ちだしたものの、対応は鈍く決め手を欠いたまま、少子高齢化がどんどん進んでいる。

ここにもひとつ今日につづく負の物語があった。

平成のはじまりである１９８９年。くしくもその年を出発点とする日本の「６つの物語」。そのなかで日本政治はどう動いてきたのだろうか。

思いおこせばこの30年間に竹下登、宇野宗佑、海部俊樹、宮沢喜一、細川護熙、羽田孜、村山富市、橋本龍太郎、小渕恵三、森喜朗、小泉純一郎、安倍晋三、福田康夫、麻生太郎、鳩山由紀夫、菅直人、野田佳彦、安倍晋三と17人の首相があらわれた。登場順に正しく言える人は、まずいない。

長期政権だったのは、5年5カ月・1980日つづいた小泉内閣とそれを超えた第2次安倍内閣ぐらいだ。69日で終わった宇野内閣や、64日で幕を閉じた羽田内閣のように、わずか2カ月ほどのものから、第1次安倍から野田までの6つの内閣のように1年交代の定期異動みたいなものまで、短命政権がほとんどで、政治の不安定がいわれつづけた。

それぞれの政権とは何だったのか。どんな特徴があり、何をやろうとしていたのか、当事者の回顧談や当時著者が執筆した記事も織り込みながら、振りかえってみよう。

10編からなる平成の政権物語である。

（文中敬称略）

目次

第6章

なぜ橋本政権はおわったのか

小渕政権・森政権とは何だったのか

——橋本政権から小泉政権へのつなぎの踊り場の政権だった……131

写真提供、共同通信社

第1章

宇野・海部政権とは何だったのか

――第2次・第3次竹下政権だった

竹下内閣から宇野・海部内閣へ

リクルート事件で倒れた竹下登内閣のあとをついだ宇野宗佑内閣は１９８９年6月に発足した。しかし7月の参院選で敗北し引責辞任、わずか69日間で幕を閉じた。宇野内閣は竹下登前首相の後継指名による事実上の第２次竹下内閣だった。

宇野氏のあと91年11月までつづいた海部俊樹内閣も第３次竹下内閣、もしくは竹下派内閣だった。自民党内の政治力学からみると3代・４年間にわたって竹下派による内閣がつづいたとみるのが適当だ。

竹下内閣が発足したのは87年11月。中曽根康弘首相の裁定によるものだった。竹下登、安倍晋太郎、宮沢喜一の中から竹下が後継指名された。党内最大派閥の数の力を背景に、だれもが長期政権になるとみた。ところがリクルート事件が招いた政治不信の突風によって、あっけなく倒れた。

リクルート事件は88年6月末に表面化した。リクルートコスモスの未公開株を譲渡され、濡れ手で粟とばかりに利益を得た政治家だけでなく、リクルートから政治献金を受けていた政治家も批判の対象となった。

同年12月末に成立する消費税法の審議の過程で、未公開株の譲渡を受けた宮沢蔵相が「ネコの目答弁」によって、辞任に追い込まれた。同年末の内閣改造の直後には、長谷川峻法相、原田憲経済企画庁長官がリクルートから政治献金を受けていたことが発覚、更迭された。

そこに89年4月からの3%の消費税導入が重なった。自民党批判が一気に強まった。2月の参院福岡選挙区の補欠選挙では、自民党が社会党に大敗を喫した。

竹下内閣の支持率は急降下した。日本経済新聞の調査によると88年9月には31%あったのが、同12月は22%にダウン、89年3月には13%にまで落ち込んだ。

竹下　登

89年3月末から4月上旬にかけて、リクルートグループから竹下首相への資金提供が次々と明るみに出て金庫番で竹下の信頼がいちばん厚かった秘書が自殺するなど混乱がつづいた。4月25日に退陣を表明した。

「ポスト竹下」の最右翼と目されていたのは、安倍幹事長だった。ところがリクルートの未公開株の譲渡を受けていたのは竹下首相と同じで、しかも体調を崩し、退陣表明の一週間前の4月18日には都内の病院に入院、闘病

生活に入っていた。

当時、リクルート事件で汚れた印象を与えた自民党実力者らとは対照的に、清貧のイメージで世論の支持を集め、党内の中堅・若手から首相待望論が出たのが伊東正義総務会長だった。

しかし持病の糖尿病で健康不安があり、夫人は絶対反対だった。伊東自身もリクルート事件へのけじめとして、竹下、安倍、宮沢、中曽根康弘、渡辺美智雄の実力者がすべて議員辞職をする総退陣論を主張、渡辺らの反発を招いていた。

「本の表紙だけ変わっても、中身が変わらないとダメだ」という伊東の名セリフはこのときのものだ。伊東は竹下らによる「傀儡《かいらい》政権」といわれることを極度に嫌った。

竹下は数回にわたる伊東との会談で、後継総裁への就任を要請したことになっているが、竹下が本気になって後継者として伊東を説得したのか大いに疑問の残るところだ。

伊東は「総理を断った男」といわれ、そうした声価が定まっている。果たして、そうだったのだろうか。おそらくそれは違う。つくられたイメージだ。生前、伊東は「一度も竹下から、後をやってくれとは言われなかった」と明かしている。

「伊東総裁」は後継指名で主導権をにぎるための竹下一流の目くらましとみる方が、その後の政治の流れを考えても正しい。

後継候補から伊東が消えたあと、党内は一段と混迷を深める。党内実力者はリクルート事件で総崩れだ。伊東にその気がなければ政治改革派も有効なカードを持たない。結局、竹下が後継者の指名権をにぎった。

そこで竹下から出てきた名前は、坂田道太元衆院議長、福田赳夫元首相、村山達雄蔵相、そして宇野宗佑外相の4人だった。3人は当て馬だった。もっとも、福田のようにすっかりその気になり、あてがはずれて不快感を持たれてしまったのは竹下の計算外だったろう。

竹下の意中の人は最初から宇野だった。個人的な関係が良好で、一気に若返りをはかるのでなく、党内秩序に大きな変動をおこすわけでもない。

宇野宗佑

派閥の領袖でないから、コントロールは可能だ。出身派閥も党内第4の中曽根派である。何しろ竹下派は最大派閥だ。竹下派の応援がなければ、党内運営にしても、対野党折衝にしても、うまくいかないことは、はっきりしている。

宇野内閣は「竹下院政」「竹下直系」といわれた。組閣人事にしても、政治路線にしても、竹下路線を100

%継承したからだ。竹下派の小渕恵三と小沢一郎が宇野にはかることもなく人事を勝手に決めていた。

当時の新聞をめくってみると「党三役人事などは竹下派幹部から、こう決まった、と一方的に連絡があっただけだ」と安倍派幹部はこぼし、中曽根派の桜内義雄会長は「宇野君は婿養子に行ったようなものだ」とまで語っている（89年6月19日付日経夕刊）。人事の主導権もすべて竹下の掌中にあった。

消費税導入・女性問題・農産物の輸入自由化の3点セットによって7月の参院選で自民党は、苦戦をしいられる。とりわけ『サンデー毎日』の報じた女性スキャンダルが宇野を直撃した。

当時、官房副長官の石原信雄は『首相官邸の決断』（中央公論社1997年・54頁）で次のように振りかえっている。

「宇野内閣でいちばん印象的だったのは、参議院選挙のときに総理・総裁である宇野さんが、執務室でポツンと一人で座っておられる場面が多かったことです。私が仕事で総理の執務室に入るとポツンとテレビを見ておられたり、何か寂しそうにしておられる。というのも、応援演説の要請が皆無なんです」

「何ともこれは残念なものだから、自民党本部の懇意な人に頼んで、なんとか総理の出番を作ってくれといって、出陣式か何か自民党本部でやったんですよ。そこに出て、第一声をやられたんです。選挙演説はそれだけですよ」

「あんなことがなければ結構、業績を残されたんだと思うんです。器用な人ですからね。それはもう、いろんな逆風が全部重なったということですね。本当に悲運な総理大臣でした」

土井たか子ひきいる社会党が「マドンナ旋風」を巻き起こした。自民党は大敗を喫した。「山が動いた」というのはその時の土井のことばだ。宇野首相は退陣、あっけない幕切れだった。

次に竹下が切ったカードが派閥の領袖ではなく、個人的にも親密な海部俊樹だったのは、宇野のときと同じやり方だ。出身派閥も党内で一番小さい河本派である。海部内閣が第３次竹下内閣であり、竹下派による内閣だったというのは、その後の「竹下派支配」による政権運営をみればわかる通りだ。

海部俊樹

海部政権とは何だったのか

第１に指摘しなければならないのは権力の二重構造で

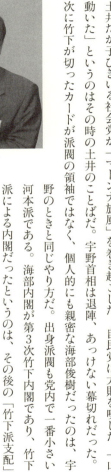

ある。表の顔が海部首相なのはいうまでもないが、裏で仕切っていたのは竹下派だった。竹下派の操り人形のパペット政権だったというのは決していいすぎではあるまい。

自民党内で広く流布していたのが「金竹小（こんちくしょう）」というフレーズだ。政治の実権をにぎっていた竹下派会長の金丸信、派閥オーナーの竹下、幹事長でのちに同派会長代行になる小沢一郎の3人の頭文字からとったものである。やっかみと悔しさが入りまじった党内の気分をあらわしていた。

海部評で人口に膾炙《かいしゃ》したのが「担ぐ御輿《みこし》は軽くてパーなヤツがいい」という発言だ。幹事長だった小沢がいったとされた。

海部は回顧録『政治とカネ』（新潮新書2010年・101〜102頁）で次のように言及している。

「人づてに（発言を）聞いた私は、彼に直接訊いた。『言ったのかい？』すると彼は、しゃあしゃあと、『言った憶えは断じてない。記事を書いた記者を呼びつけましょう』と、凄んで見せた。もちろん、私はそんなことはしなかったし、要は、首相と幹事長の間柄として腹に溜めたままにしておきたくなかっただけのことだ」

「私が、小沢幹事長に頼んだ仕事のひとつは、竹下、金丸両氏の意思疎通をはかること。……

彼は利口な人だから、右耳に金丸、左耳に竹下と、両方の顔色をうかがって上手に立ち回っていた。ただ、竹金ふたりの仲がおかしくなった時は、カーボンペーパーみたいに金丸氏の言いなりで、その分私の仕事が増えてしまった」

発足時は30％台だった内閣支持率はじわじわと上昇、政権末期も50％近くあるなど、一生懸命さを盛んにＰＲする海部は不思議と人気があった。政治的な実績や能力はともかく、誠実なイメージ、素人っぽい感じが受けたのはたしかだ。

2番目は、国際政治の転機を乗り切れなかった政権だった。89年のベルリンの壁の崩壊、冷戦の終結と時代がうねるなかでおこった90年8月の湾岸危機、91年1月の湾岸戦争。国際社会で日本はどんな役割を果たすのかが問われた。それにうまく応えることができなかった。

海部は１９３１年（昭和6年）生まれで三木武夫元首相の秘蔵っ子といわれた。60年の衆院初当選で、初の昭和生まれの首相。戦後の申し子のような存在だった。戦後日本は軽武装の通商国家として安全保障は米国に依存し、経済大国をめざしてひた走ってきた。海部にしても、多くの国民にしても、大きな疑問を抱くことのない路線だった。それが問い直されたのである。

湾岸地域でおこっていることに日本として何ができるのか、何をなすべきか。海部はブッシュ（父）米大統領から「目に見える貢献を。ショー・ザ・フラッグ」と自衛隊の派遣を促された。

自民党内で小沢幹事長らがこれに応じようとした。しかし自衛隊の海外派遣を認めることはできないというのが内閣法制局の解釈だった。海部はそれに従った。

政府は、自衛官を平和協力隊との「併任」で派遣して輸送などの協力を可能とする国連平和協力法案を国会に提出した。しかし準備不足を露呈し政府答弁が混乱、衆院段階で審議未了・廃案になった。

ここは官房副長官だった石原の証言（『首相官邸の決断』75〜77頁）を聞こう。

「小沢執行部は早い段階から、自衛隊は自衛隊として協力するしかないという考えだったんです。一方、海部総理は、自衛隊はどうしても使いたくない。どうしても自衛隊員を使うのであれば、総理府事務官の身分にして行くという考え。……自衛隊をどういう形で使うのか最後まで政府部内で意見がまとまらなかった。正直いって、法案も十分練れない半煮えのままで国会に提出したわけです」

「まだ自衛隊違憲論が国会で声高にいわれている段階で、その自衛隊を国際協力の場で使うという議論ですから、政治家の間でも、また国民一般の間でも、この話は慣れていない話だったわけです。ある意味では、はじめての試練だったと思うんです。……国際社会では、それなりの日本の貢献というものを求めているわけです。それを日本があくまでも拒否していたら、国際社会で立ち行かなくなるという危機意識もありましたね」

腰が定まらないまま米国から求められた貢献を小出しにした結果、トゥーリトル、トゥーレイトと批判された。海部はリーダーシップを発揮できないままだった。湾岸危機・戦争を通じて日本外交は迷走をつづける結果となった。

その後、湾岸戦争を通じて総額130億ドルを多国籍軍に支援したものの、戦争後クウェートが米国の新聞に掲載した感謝広告には日本の名前はなかった。ここがその後の安全保障論議・改憲論議の出発点となった。

もっとも海部は最近のインタビューで次のように語っている。自らが首相として答弁に立っていた国連平和協力法案に反対だったというから、何をかいわんやである。

「平和協力隊だといって出しても、衣を脱いだら自衛隊じゃないか、ということになったら、国の失う信用は大きいし、そういうものを我々は望んでいるわけじゃない。だから、あの法案に初めから僕は反対だった。武器・弾薬を運ぶことについても反対だった。問題は、国民が（自衛隊派遣を）認めているかどうかだった。その時は、まだ完全に認めているとは言えなかった。……国民が認めてくれないものを、いくら上手に説明しても、通らないよ。俺はそう思ったよな」（読売新聞2018年4月25日付朝刊）

3番目は、バブルの崩壊にめぐり合わせていた政権だった。89年末の大納会でつけた史上最高値の3万8915円をピークに日経平均株価は急落、落日の平成がはじまった。

90年10月には一時2万円を割りこみ、ピーク時の半値前後の水準になった。海部内閣が発足した89年8月10日の日経平均株価の終値は3万4719円。総辞職した91年11月5日は2万4950円。株価を約1万円さげた。

経済が変調をきたしているとはわかっても、バブルがはじけたとは多くのエコノミストもその当時思わなかっただろうし、海部にそうした意識があるはずもなかった。

宮沢喜一が「海部さんは一生懸命おやりになっているけれど、何しろ高校野球のピッチャーですからねぇ」と評して海部が激怒したという話があるが、必ずしも的外れな表現ではなかった。海部は経済への認識が希薄だった。

80年代のジャパン・アズ・ナンバーワンで、ジャパン・マネーが米国の資産を買いあさり反感を買った。日米構造協議がはじまったのは海部内閣のときだ。ジャパン・マネーを国内に封じ込めるねらいから米国は公共投資の拡大と日本の内需拡大を要求、10年間で総額430兆円の公共投資基本計画を策定した。大規模店舗法の見直しも焦点になり、大型店の出店規制も撤廃されていった。

経済が下り坂に向かうなかでの大規模な公共事業は財政難の遠因になったとの指摘がある。大店法見直しで郊外に次々と大型店が立地したことが旧市街地の商店街を「シャッター通り」にしたとの見方もある。

これに先立つ竹下内閣での牛肉オレンジの市場開放問題もそうだが、中小小売業や農業という自民党の支持基盤をゆさぶる動きがバブルの崩壊と同時並行で進んでいたといえる。

4番目は、政治改革で帆をあげて政治改革でおわった政権だった。

リクルート事件をきっかけに高まった政治改革を求める世論を背景にうまれた海部政権。政治改革を進めるのが政権の至上命題だった。小選挙区比例代表並立制を内容とする政治改革関連法案を閣議決定し国会に提出したものの、結局廃案になった。海部は衆院解散で局面を転換しようとした。ところが後ろ盾だった竹下派の支持は得られなかった。

竹下派の操りの糸を切ろうとしたところで、逆に竹下派に切られてしまうわけだ。操り人形が自我に目覚め、操りの糸からのがれようとした瞬間に万事休した。海部政権は人間になろうとしてなれなかったピノキオのような政権だった。

そのとき何がおこっていたのか。時計の針をもどして、ふりかえってみよう。

海部政権はなぜおわったのか――「重大な決意」発言が命取りに

竹下派の支持で総裁再選が有力視されていた海部首相に対抗して、宮沢喜一、渡辺美智雄、三塚博が総裁選への出馬の準備を進めていた1991年秋のことである。

10月4日に迫った臨時国会の閉幕直前の9月30日。海部が「内閣の命運をかける」とまで言い切った政治改革関連法案を審議していた衆院の政治改革特別委員会で、小此木彦三郎委員長がいきなり法案を審議未了・廃案にすると宣言した。

寝耳に水の出来事だった。「ふざけるな!」――海部が怒った。自民党内も大騒ぎになった。政治改革本部の伊東正義本部長、後藤田正晴本部長代理らがあわてて官邸の海部のもとに駆けつけた。伊東は「重大な事態だ。ハラをくくった対応が必要だ」と巻き返しを強く求めた。

海部は小渕恵三幹事長、西岡武夫総務会長、加藤六月政調会長、原文兵衛参院議員会長の党四役を呼んだ。そこで飛び出したとされるのが「重大な決意」発言だった。

出席者によると、実はこのとき、首相の口から出たのは「解散」の二文字だった。衆院を解散して国民に信を問うというものだが、「解散」という言葉を表に出すのはまずいとの判断から「重大な決意」という表現を使うことになった。

ただ海部自身は「重大な決心」「重大な気持ち」といったが、解散を意味する「重大な決意」とはいっていないと振りかえっているが後の祭りだった。

「解散」の含意である「重大な決意」と報じられ、あっという間に広がった。

当時、事務のトップで内閣の仕切り役だった石原信雄官房副長官はその夜、多田宏首席参事官（後に厚生次官）らに解散の事務的な準備を始めるよう指示したことを、後日、明らかにしている。

しかし、いかに首相の大権といっても、海部の独断で解散はできない。実権を持つ竹下派がウンといわなければ、一世一代の大勝負に打って出ることなど、とてもかなわぬ相談だ。なにせ竹下派支配の政局である。

その夜、海部は金丸信・竹下派会長を探した。北海道網走市のホテルに宿泊していた金丸は、首相からの電話に「解散で行くなら、押し通せ。絶対降りちゃだめだ」とアドバイスした。海部は金丸の了解を得たと思った。

北海道千歳市のホテルにいた竹下登元首相は、記者団に「10月4日解散か。今やったら自民党は勝てるだろう」と語った。「投票日は11月10日だわな」との竹下のつぶやきを聞いた議員もいる。解散シナリオは海部続投を望んでいた竹下の手になるものだった、との話がある。その一方で、解散後の首相指名選挙での竹下再登板への布石ではないかとの憶測も呼んだ。

そもそも、小此木委員長による政治改革関連法案の廃案通告にしても、個人的に親しかった梶山静六国会対策委員長とも相談のうえでのことだった。廃案を宣言する前日の9月29日、竹下は小渕、梶山らと一緒にゴルフをしており、政治改革関連法案は廃案しかないとの見通しで一致している。

「金竹小（こんちくしょう）」のもう一人の役者である同派会長代行の小沢一郎。海部続投にはもともと懐疑的で、重大な決意発言にしても、与り知らないところで話が進んでいく不信感があった。しかし、小沢は周辺に「やれるのなら、やればいいじゃないか」と述べた、との情報が海部のもとに届いていた。

違いは残しながら、金竹小はとりあえず「重大な決意」＝解散に理解を示し、支持してくれている、と海部は受けとめた。

党内では、解散含みの首相発言に動揺が広がった。翌10月1日、海部の言い回しが微妙に変化する。国会答弁などで、重大な決意について「今後も政治改革の灯を消さないという強い決意の表れ」と説明し、解散を意味しないとトーンダウンした。

金丸も変わる。北海道から帰った金丸は、慎重な態度を示した海部について「一体、どうなっているのだ」と怒った。

竹下、小渕、梶山のラインで進んでいく政治の流れへの金丸の不快感、それに連なる小沢――竹下派の中の主導権争いも見逃せない要素だった。それが1年後の竹下派分裂につながっていった。

10月3日、海部は巻き返しに出る。政治改革のための与野党の協議機関を衆院議長のもとに設置させようとするが、与野党間でらちがあかない。

海部は党四役を官邸に呼んだ。

「協議機関に議長もかんだ形にしないで、本当に政治改革に灯をともしたといえるのか。この案が受け入れられない限り、解散を断行して民意を問いたいので、了承してもらいたい」

話し合いは3時間にも及んだ。四役は解散に慎重だった。海部は「解散の署名に反対する閣僚がいるなら、罷免して私が兼務すればいい」とまで言い切った。4日午前9時からの定例閣議で各閣僚に解散の署名を求めるつもりだった。

3日深夜から4日未明にかけて海部は閣僚に「閣議で解散の署名をお願いしたい」と電話をかけまくった。

閣議に先立ち官邸執務室に小渕幹事長ら党四役を呼んだ。党内の動きなどを話し合っていた。そこに一本の電話が入った。4日午前8時45分。閣議の15分前だった。金丸からだった。

「解散はだめだぞ」。

なぜだっ！　海部は合点がいかなかった。竹下派も解散を了解してくれていたではないか
――。しかし頼みの綱の竹下派がノーではこれ以上は前に進めない。万事休すである。

閣議は何事もなかったかのように終わった。ダメを押すかのように小沢が官邸にやってきた。

「経世会（竹下派）としては解散に反対です」。もはや観念していた海部は笑って頭を下げた。

続投も消えた。翌5日、海部は総裁選への不出馬を表明した。

政治はやはりドラマである。

海部は回顧録『政治とカネ』（151～152頁）で10月3日、与野党の国会対策委員長会談で、法案の継続審議と衆院議長のもとの与野党の協議機関の設立が拒否されたことで解散に打って出る覚悟を固めたとして、次のように明かしている。

「私は、解散に必要な手続きに着手した。衆議院を解散するには、天皇陛下が解散詔書に署名し、衆議院議長が本会議で読み上げる必要がある。しかし、天皇皇后両陛下は東南アジア諸国を歴訪中だった。そこで宮内庁と話し合い、国事行為を代行する皇太子殿下の署名を受けることとし、粛々と事務的作業を進めた」

「10月4日、早朝5時半、前の晩一睡もせずに熟考した私は、9時に閣議を開き、閣僚たちに解散を求める決意をした。拒否する閣僚がいれば、罷免して私が兼務するまでのことだ。大臣たちに電話で、閣議開催を伝える私の声は震えていたかもしれない」

そのあとは前述のように、閣議15分前の金丸の電話が最後通牒だった。解散は封じ込められた。「竹下派は、こんな土壇場になって梯子を外すというのか！」と恨みのことばを吐いている。回顧録はあれから20年あとのものである。海部の無念さはどこまでいっても消えないようだ。政治家とは因果なものである。

第2章

宮沢政権とは何だったのか

——竹下派に翻弄された「遅れてきた保守本流」政権だった

竹下派ではじまって、やはり二重権力になった

保守本流のど真ん中を歩んできた政治家・宮沢喜一が政権をとるためにプライドをかなぐり捨てた。1991年10月10日のことである。

「ポスト海部」で総裁選への出馬を表明していた宮沢、渡辺美智雄、三塚博3人の候補者の1人として、最大派閥・竹下派の小沢一郎会長代行の事務所をおとずれ、「小沢面接」に応じたのだ。

その時の場面を翌11日付の朝日新聞朝刊は次のように報じている。

――（10日）午後3時、トップを切って小沢事務所に入った宮沢氏は、にこやかに「連日、もみくちゃのようですが、大丈夫ですか」。いつになく冗舌で「きのう、大幹事長のおひざもとへ行ってきました」。小沢氏の地元・岩手県を遊説に訪ねた話題で、幹事長を務めた小沢氏を持ち上げた。

このあと政治改革、国際貢献などの政策を説明。国際貢献は「小沢調査会で議論していただきたい」と、小沢氏が会長を務める自民党の「国際社会における日本の役割に関する特別調査会」に配慮。「挙党態勢で強い執行部を」と繰り返し、竹下派の後押しを求めた。――

「大幹事長」といったことばまで飛び出した。小沢にこびている様子がうかがえる。もちろん宮沢自身、派閥の会長でもない小沢に呼びつけられるかたちとなったことには、相当、抵抗もあったようだ。しかし政権取りのためには背に腹はかえられない、といったところだったのだろう。

そもそも竹下派会長の金丸信や小沢の本音は宮沢ではなく、渡辺だった。宮沢より渡辺の方が御しやすいとの判断があった、とされる。

しかしその選択はできなかった。大義名分と数がなかったからだ。渡辺を選ぶ名分が「決断力」「庶民性」「義理と人情」では永田町の外を納得させられない。地方の党員・党友の支持も、宮沢がはるかにまさっている。「勝ち馬」に乗り、引き続き政局の主導権を握っていくには宮沢の選択しかなかった。

宮沢喜一

「心情はミッちゃんだが、常識的判断となるとミッちゃんというわけにはいかない。宮沢でいこう」。一任を受けていた派閥会長の金丸が結論を出し、翌11日夕刻の竹下派の総会で了解を得た。

「重大な決意」発言で海部続投のカードを捨てざるを得なくなり、竹下派支配が揺らぎかねないなかで宮沢は次善の選択に違いない。

宮沢の側も、竹下派離れで二重権力状況を解消しようと動く。だがいきなり首相就任直後の91年秋の臨時国会の運営でつまずいた。

国会対策委員長に自派の増岡博之を起用し自前で国会を乗り切ろうとした。しかし国対の経験に乏しく野党とのパイプもない。海部前政権からの宿題になっていたのがＰＫＯ（国連平和維持活動）協力法案の成立と政治改革の実現。ＰＫＯ協力法案は継続審議になり、政治改革はまったく進まない。さんたんたるものだった。

結局、国会を動かすためには実働部隊をかかえた竹下派に頼らざるを得ない。再び権力の二重構造、竹下派支配である。

そのために宮沢は金丸の担ぎ出しに直接動きだす。党の副総裁への就任だった。何とブッシュ米大統領を使った。

宮沢自身が次のようなエピソードを明らかにしている。

「92年のお正月にブッシュが日本に訪ねてくるということがあったので……私はブッシュに『ちょっと手伝ってくれよ。この人（＝金丸）の協力が党内で必要なんだ。あなたのディナーにも来るから、僕がその時サインするから、ひとこと声をかけてくれよ』と頼んだんです。そうしたらブッシュは『いいよ、そういうことなら得意とするところだ』と言う。それで、金丸さんに対してブッシュが『あなたのことはよくミヤザワから聞いている、ひとつ助けてやってくれ』というようなことを言ってくれたんです。……それがあって、金丸さんは副総裁になってくれました」（『聞き書　宮澤喜一回顧録』岩波書店２００５年・３０８頁）

金丸はブッシュとの夕食会のあった92年1月8日、その日のうちに副総裁を受諾した。これによりとりあえず政権は安定した。

与野党の対決の積み残し法案だったＰＫＯ協力法も92年6月15日ようやく成立した。社会党や共産党などが参院本会議で徹底した牛歩戦術をとり、投票に11時間半もかけるなど4泊5日の徹夜国会となった。衆院でも徹夜が続いた。社会党議員が集団で議員辞職願を出す異常事態のなか、最終的には自民・公明・民社3党が押し切った。

◇

そのころのコラムを紹介しよう。社共両党が牛歩戦術をとっていた真っ最中の6月8日付日経朝刊の「風見鶏」だ。

蝸牛の歩みは角上の争いか――議論忘れ、言論の府いずこへ

○…近所のビデオレンタル店からジェームス・スチュアート主演の米国映画『スミス都へ行く』（一九三九年）を借りてきた。ご存じの向きもあろうが、話のあらすじを紹介すると――。

ある州の上院議員が病死、ボーイスカウトの少年団長をしているJ・スチュアート演じる若きスミスが後継者に指名される。政治的にずぶの素人である彼に白羽の矢が立ったのは、地元の政治的利権を握っている有力者らには操りやすい存在だったからだ。

ところが少年キャンプ村の建設をめぐりスミスは彼らの不正を知った結果、策にはめられ、逆に議員追放を迫られそうになる。本会議にその決議案が提出、まさに採決にかけようとしたところで、彼は議事妨害を開始する。

フィリバスターと言われるやり方で、長時間の演説で採決阻止を目指すものだ。スミスは自らの潔白を主張、二十三時間以上にわたって演説を続け、ついに精根尽き果てて倒れる。その時スミスを追放しようとした上院議員が自責の念にかられ、事のてん末を告白して幕となる。

○…各国の議会事情に詳しい国立国会図書館の成田憲彦・政治議会課長によると、フィリ

バスターの長時間記録は一九五七年に民主党のサーモンド上院議員の二十四時間十八分というのがあるそうだ。二日間スチームバスに入り体内の水分を絞りだし、途中でトイレに行きたくなるのを避けてから演説に臨んだというから、体力の限界への挑戦である。

欧州でも議事妨害は抵抗の一つのやり方として認められている。英国では十九世紀、アイルランド問題をめぐりしばしば議事妨害が行われ、法案の採決を七年間引き延ばした例がある。フランスでも一九五〇年に採決に七十五時間かかったことがあるという。

しかしそうした例はいずれも議会政治の「歴史」の一コマにすぎない。現在、欧米での抵抗手段は徹底した審議と対案の提示だ。議論を通じて法案などの問題点を突き、修正案を示すことで自らの正しさを訴えて行くものである。審議拒否や牛歩戦術はやはり日本的な風景らしい。

○…昭和三十年代はいわゆる「乱闘国会」全盛期で、与野党議員が入り乱れてなぐり合うことも珍しくなかった。だがテレビの普及、世論の批判、多党化、そして速記者や衛視など負傷者続出に伴う事務局の抗議……。四十年代になると乱闘国会も下火になり、議事妨害の野党の主戦術は審議拒否になった。

日本の国会では会期を国会ごとに決め、次へは持ち越さない会期不継続が原則だ。法案を廃案に追い込むには時間切れを狙うのが最も手っ取り早い。「ねる」と言われる審議拒否が有効な抵抗手段になるゆえんだ。

　八七年（昭和六十二年）四月の衆院本会議での牛歩は売上税を廃案に追い込んだ。消費税をめぐる八八年（昭和六十三年）十二月の参院本会議での牛歩は法案の成立阻止より反対の意思を明確にするシンボリックな意味があった。今回は消費税型で、社会、共産両党にとっては政治的な効果を狙ったものだ。

○…米国の日本研究家のハンス・ベァワルド氏の『日本人と政治文化』によると、牛歩戦術は「直訳すればカウ・ウォーキング・タクティックスであるが、スネイルズ・ペース・タクティックス（蝸牛歩度戦術）と英訳されるのが普通である」という。
「蝸牛角上《かぎゅうかくじょう》の争い」という言葉がある。『荘子』則陽篇に出てくるもので、かたつむりの角の上の二国が争ったという話から、つまらない争いのたとえだ。

　米欧での抵抗手段はしゃべること。日本では、ねることに、ゆっくりゆっくり歩くこと。言論の府である国会で、蝸牛の歩みが角上の争いとならないことを祈るのみである。

ＰＫＯ協力法は難産の末に成立、その直後の92年7月の参院選で自民党は大勝する。派閥では竹下派の1人勝ちだった。竹下派に乗った宮沢政権は安泰にみえた。
そのころの雰囲気をよくあらわしているコラムがあった。8月4日付日経夕刊の「複眼」だ。

竹下支配いつまで――膨張続けば必ず破裂

自民党竹下派の膨張が続いている。今回の参院選で他派が軒並み数を減らした中、ひとり勢力を伸ばし、参院で五分の二を占めるまでに拡大した。党内には「竹下派にあらずんば人にあらず」といったムードさえ漂う。

金丸副総裁、竹下元首相、小沢元幹事長のいわゆる「金竹小（こんちくしょう）支配」が進み、二重権力構造も一段とはっきりしてきた。政界では今のところ外から「金竹小支配」を覆す要素は見当たらない。が、膨張を続ければいつかは破裂するのが政界にも通じる自然の摂理だろう。

○

衆院百三十人、参院七十人の「二百人体制」を目指すと豪語する小沢氏の派閥膨張政策は、衆参両院議員合わせて七百六十四人のうち二百人をおさえれば自民党だけでなく政界全体を完全に掌握できるとの算術計算によっている。

衆院の総定数は五百十二で過半数は二百五十七。自民党がこれを制するとして、党内の過半数は百二十九となる。参院では総定数二百五十二の過半数は百二十七で、そのまた過半数は六十四だ。自民党が多数を占めれば、七十人を抱える派閥は参院全体を牛耳ることが可能になる。

今回の参院選で竹下派は選挙区で二十四人、比例代表で九人の計三十三人を当選させ、参院での勢力は非改選を含め四十三人と四人増えた。衆院の六十八人と合わせると百十一人に膨れ上がった。

宮沢派が七人、渡辺派が三人と所属議員数を減らし、衆院と合わせそれぞれ七十四人、六十七人となり、三塚派も追加入会を含め七十六人とようやく現状を維持したのとは大違いだ。図抜けた竹下派、遅れて三塚、宮沢、渡辺三派、そして河本派、加藤グループ。党内派閥地図は「一強三弱二番外地」である。

頭数による党支配だけでなく、族支配もほぼ仕上げの段階にさしかかってきた。比例代表で当選した竹下派所属の官僚ＯＢは建設、農水、運輸、郵政、防衛、国土、自治と各省庁への影響力をさらに強めている。

しかも建設は金竹小三氏、商工は梶山国対委員長、農林は羽田蔵相、社労は橋本前蔵相、郵政は金丸氏、小渕前幹事長……としっかりおさえ、三塚派の牙城《がじょう》だった運輸関係も凌駕《りょうが》しようとしている。

自派を「総合病院」と誇ったのは田中元首相。族議員を中心に派閥単位で陳情を処理する相互扶助システムを作り上げた。竹下派のやり方は田中派当時と同じである。「金竹小支配」の進め方は「田中支配」そのもので、数の論理を背景に自派から総裁候補を立てないことでキングメーカーとなり陰の権力として君臨するものだ。海部前政権と同様、宮沢政権下でも二重権力構造が出来上がり、竹下派に乗っている限り安泰という構図が作られている。

○

その昔「この世をば　わが世とぞ思ふ　望月（もちづき）の　かけたることも　なしと思へば」と歌ったのは藤原道長。田中派が膨張を続けた時「望月は必ずかける」と批判して田中元首相を激怒させたのは故田中六助元幹事長だった。

月や星の世界では、大きい星は周りの星をどんどんのみ込んで巨大化していく。そして自らの重みに耐えかね内部に急激に落ち込む重力崩壊という状態になり、星そのものが粉々になる超新星爆発が起きる。爆発は他の星雲にショックを与え、それがきっかけで新しい星が生まれてくる。

自然界と政界はもちろん違う。しかし派閥も膨張した場合どうなるか。最も多かった時には百四十二人を数えた田中派は結局、重力崩壊を起こし竹下派に衣替えした。

そして今――。竹下派がもっともっと肥大化して超新星爆発を起こし、派閥・政界再編のきっかけになれば、現在のような不自然な二重権力構造も変わるだろう。夜空の星を見上げながら竹下派の膨張を祈ろう。


コラムの予言通りに膨張した竹下派は破裂した。8月下旬、東京佐川急便から金丸への5億円献金問題が明るみに出たのがきっかけだった。金丸はまず自民党副総裁を辞め、10月になると衆院議員も辞職した。その過程で竹下派の内紛が火を噴いた。ついに10月末には小沢グループが派閥を離脱、羽田孜を代表とする羽田・小沢派を旗揚げした。反小沢グループは小渕恵三を代表に、小渕派として出発した。権勢をほしいままにしてきた竹下派がついに分裂した。

そして翌93年。春まだ浅き3月。93年度予算案が衆院を通過した3月6日、土曜の夜だった。政界に衝撃が走った。金丸が脱税容疑で逮捕されたのだ。政治献金を割引債購入にあてて、政治活動には使わず個人的にため込んだ。しかも金丸事務所から金の延べ棒が出てきた。

政治改革論議を再燃させた。93年7月の衆院選で自民党が敗北し、政権の座を失う条件が整っていった。

当時のコラムをもうひとつ紹介しよう。93年3月15日付日経朝刊の「風見鶏」だ。

「蓄財政治」を排す——「清貧」の志はどこへ行った

○…金丸信という人はやはりケタ違いの政治家だった。六十億、七十億円と言われるような、とほうもない金額をためこみ、金銭感覚がずれている永田町の政治家をも「数億円ならいざ知らず、一ケタ違う。信じられない」と、あ然とさせている。「金丸神話」は言うに及ばず、政治への信頼も完全に失墜、「カネもうけとしての政治」だけが残った。

政治家の蓄財は古くて新しい問題である。明治以降を考えても、すぐにいくつかの例が思い浮かぶ。日常的にわいろを要求、私腹を肥やしたとされる政治家としてはまず長州出身の元老・井上馨があげられる。

「井上は、病的気質かと思われるほどに所有についての自他の区別がなく、たとえば萩の旧士族宅で見せてもらった骨董品をそのまま持ちかえり、返さなかったりした話がのこっている」と司馬遼太郎さんが『この国のかたち』の中で書いている。

今はなき海音寺潮五郎さんも井上を『悪人列伝』中におさめ、「貪官汚吏《どんかんおり》の代表者」としてとり上げている。
○…井上と同じく長州出身の元老・山県有朋にも、あやしげなところがある。東京・目白で、現在は結婚式場になっている「椿山荘」にしても、彼の別荘だったわけで、藩閥政治家と政商、財閥とのつながりなしには考えられない。
もう一人、明治の腐敗政治家の代表のように言われているのに星亨がいる。衆院議長も務め、政友会創立に活躍した星は毀誉褒貶《きよほうへん》があり、最後は「収賄党の巨魁《きょかい》」として刺殺されてしまう。

戦後では、何と言っても田中元首相である。椿山荘近くの目白の豪邸にせよ、田中金脈、金権政治にせよ、権力と財産へのむき出しの欲望のあらわれと言える。それを間近で見てきたのが金丸前副総裁であり、竹下元首相である。
○…山県、井上にしても田中元首相にしても、入ってくる政治献金を一部はためたのだろうが、かなりの部分を実際に使った。星にいたっては死後、一万数千冊の蔵書が残っただけというから、ほとんどの政治献金は右から左へと流れていったようだ。
日本政治史専攻で東京都立大名誉教授の升味準之輔さんに話を聞いた。

「政治家の蓄財が昔からいろいろあったのは間違いない。うわさはいっぱいある。確かな記録がないから分からないだけだ。ただ遺産を調べてみると『意外にない』というのが普通だ。もっともそれは大政治家の場合だけど」

自民党内で金丸前副総裁への失望の声が漏れている背景には、「意外にない」どころか「意外や意外」信じられないほどためこんでいたことがある。政治にカネがかかるのだから、実力者はそれをいろんなところから用立てて、派閥のメンバーに配る、という永田町感覚を裏切った。

○…ひとのカネを使うのが政治家の常道である。政治資金と生活資金の区別があいまいだから、ひとのカネが自分のカネになり、蓄財もされる。財界から政界に転進、親譲りの財産をすっかり失い「絹のハンカチも泥にまみれたよ」と苦笑していた故藤山愛一郎元外相などは例外中の例外である。

実態はともかく、井戸塀のエトス（倫理的雰囲気）だけは政界に残っていたはずだ。金丸不正蓄財はそれすら失われていたことを示して余りある事件だ。

しかし物は考えようである。ここまで「カネもうけとしての政治」を見せつけておいて、政治がよもや何の手も打たないことはあるまい。またもや先送りしようとしていた政治改革を改めて政治家自身に迫り、いささかなりとも自浄作用を発揮させることになれば、せめてもの慰めではある。

もしそうでなければ、ワリシン、金塊、隠し金庫……伊丹十三監督の映画『マルサの女』を地でいく『マル金の男』の物語の後に続くのは、自民党割引債の償還不能、つまり自民党一党支配の終えんという事態である。

宮沢政権とは何だったのか

第1は、政治改革で生まれて政治改革で終わった最後の自民単独政権だった。1955年の保守合同以来、93年まで38年間にわたって続いてきた長期政権が終わったのが自民党の第15代総裁だった宮沢の時代である。

しばしば徳川幕府の最後だった第15代将軍の徳川慶喜にたとえられた。室町幕府も第15代の足利義昭で終わっている。15代には時代の変わり目の因縁めいたものを感じさせるが、自民党は1年後に政権に返り咲いた。その後もしぶとさをみせながら今なおつづいているところが自民党政権の特徴だ。

政権の誕生は、91年10月、政治改革関連法の処理に失敗した海部俊樹前首相が衆院解散に打って出ようとして竹下派の反対で解散権を行使できず、総裁選への出馬断念したことによるものだったのはすでにふれたとおりだ。

政権の崩壊も、93年政治改革関連法案の処理をめぐって自民党内の対立が激化、宮沢内閣不信任案に同調者が出て可決され、衆院選で敗北したことによるものだった。

内閣不信任案に賛成したのは、その前の年に竹下派からたもとをわかっていた羽田孜、小沢一郎が率いる羽田・小沢派の34人らだ。衆院本会議での採決に欠席するものも相次いだ。政治改革関連法案が処理されなかったことへの反発からだった。

今となってはピンと来ないところもあるが、政治改革という「時代のいきおい」、人によっては「熱病」ともいうが、2009年の政権交代のときもそうだったように「空気」によって政治はころがっていく。政権の側がそれをおしとどめることができなかったのだ。その意味で宮沢政権は政治改革に翻弄された政権ともいえる。

ただ政治的な背景として見逃すことができないのは竹下派内の権力闘争である。小沢一郎と、当時の梶山静六幹事長とのし烈な争いだ。不信任案という「踏み絵」を踏ませることで羽田・小沢派内に揺さぶりをかけ、賛成するであろう羽田や小沢への同調者を少なくしたうえで、自民党から追い出そうとした梶山の読みが外れた結果でもあった。

宮沢は後日、当時の小沢と梶山の関係について次のように振りかえっている。

「私は、党のなかの権力関係や感情のもつれなどについて十分理解できなかった。……最後には梶山君と小沢君はふたりで話していますし、それについてはぼくも聞いていますが、何というか、すさまじいとしか言いようがありませんね。最後のところであれほど死ぬか生きるかというほどのお互いの関係に立たなければならないということは、私の想像力の外でした」（宮澤喜一『新・護憲宣言』朝日新聞社1995年・61頁）

第2は、大江健三郎の小説のタイトル「遅れてきた青年」ではないが、時代とうまく合わなかった「遅れてきた首相」による政権だった。残念なことに宮沢喜一という政治家が首相として登場する時期は、時代の要請とはややズレていたといわざるを得ない。遅れてきた「ニューライトの旗手」であり、「遅れてきたケインジアン」だった。

吉田茂、池田勇人の直系で保守本流の政治家として1970年代から次代のリーダーと目されてきた宮沢。父親の裕が衆院議員、母方の祖父が政友会の大立者で鉄道相などを歴任した小川平吉、元文相の小川平二は叔父だった。弟も自治次官から広島県知事、法相などをつとめた弘、その長男が参院議員の洋一だ。

東大を出て大蔵省に入り、蔵相秘書官として得意の英語を駆使して占領軍総司令部（ＧＨＱ）とわたりあい、51年のサンフランシスコ講和条約に全権随員として出席、池田の愛弟子だった。56年には、占領・講和・独立とつづいた昭和20年代の日米交渉の詳細な記録である『東京―ワシントンの密談』（実業之日本社・中公文庫１９９９年）を、65年には新保守主義（ニュー・ライト）の考え方を示した『社会党との対話』（講談社ミリオン・ブックス）をあらわし、漢籍にも詳しい教養豊かな政治家だった。

その経歴からも明らかなように戦後政治の継承、つまり吉田政治の継承が基本路線だった。戦後政治の総決算を唱えた中曽根康弘とは好対照だった。軽武装重商主義である。経済政策では池田の所得倍増計画の立案者の一翼をにない、ケインズ理論を信奉した。

米ソ冷戦構造のもと右肩上がりの経済の時代であれば、その路線が揺らぐことはなかったはずだ。ところが89年に冷戦が終わり91年にはソ連が崩壊、日本経済はバブルがはじけて、吉田が土台を築いた戦後日本は大きく変わろうとしていた。ＰＫＯで自衛隊が海外に出る体制を整え、92年カンボジアＰＫＯではじめて自衛隊を海外に派遣せざるを得なかったのは皮肉な歴史のめぐりあわせだ。

その後の小渕恵三内閣での蔵相時代の話にはなるが、公共事業や減税で景気低迷から脱却しようとするケインジアン的な政策をリードしたのが宮沢だった。「遅れてきたケインジアン」とよばれたのはそのためでもあるが、宮沢は時代の階段を登りそこねた不幸な首相だった。首相になるのが10年遅かった。

第3は、リーダーシップを発揮できなかった政権だった。

1989年末には3万8915円の最高値をつけた日経平均は宮沢政権下の92年8月、ついに1万4309円まで下落する。

宮沢首相は金融機関の不良債権処理に問題があることを認識し8月末の自民党軽井沢セミナーで、そのあと問題になる公的資金導入の検討をいちはやく表明する。

「銀行の貸し出し能力が、不良資産などできわめて弱っているのが事実だ。市場経済が正常に機能しないときにしかるべき方途を考えることは、政府、中央銀行の当然の責務だ。銀行が持っている不動産をどう流動化するか、その仕組みを今年の暮れまでに作らないといけない。金融機関が知恵や金を出し合ってやるのが一番好ましいが、必要なら公的援助することにやぶさかでない。ただしこれは銀行を救済するのではない。国民経済全体のためならばあえて（公的援助を）辞するものではない」（『90年代の証言　宮澤喜一　保守本流の軌跡』朝日新聞社2006年・21頁）

その後の展開を思えば宮沢の指摘はまさに正鵠を射ていた。さすがと思わせるものがある。しかしすぐさまその考えを引っこめる。

その間の事情について宮沢は次のように振りかえっている。

「銀行を政府が助けるなんていうことは、産業界にとっては最も不愉快なことですし、金融界自身も……『政府が銀行に金を出して干渉するなんていうことはとんでもないことだ』という意見が強かった。経団連も、あの時は平岩（外四）さんでしたか、『経団連としてはむろん賛成でない』という。役人は、『もう少しすれば不動産の価格が回復するだろうから、いまはそんなことをする必要はない』ということであったり……とてもそういう話に乗ってこないということで、結局、言っただけのことになってしまったんです」（『聞き書　宮澤喜一回顧録』２８４頁）

ここにリーダーシップが欠如している政治家・宮沢が端的にあらわれている。政治家は評論家ではない。実行しなくてははじまらない。評論家としてはピカ一といわれ、リーダーとしての資質に疑問符がつけられるのはこのためだ。

93年5月、政治改革についてもテレビのインタビューで「私はやるんです。絶対にやります」と大見えを切ったのが食言になったのも似たような例だ。

それは宮沢のリーダー論から来るものだった。決まって首相をタンカーの船長にたとえた。
「総理大臣が白い馬に乗って刀を抜いて『進め、進め！』なんていうのは戦国時代のドラマの見過ぎであって、大きなタンカーをゆっくりと動かしておよそ間違いのない航路を進んでいく船長みたいであるほうがいい」（『新・護憲宣言』52～53頁）
たしかに権力を抑制的に使うのは池田以来の宏池会の伝統かもしれない。しかしここぞというときに指導力を発揮できるかどうかが問われるのがリーダーだ。戦後政治を代表する保守本流の政治家である宮沢だが、首相としての限界がここにあった。

第3章

細川政権・羽田政権とは何だったのか

――小沢がつくって小沢が壊した政権だった

政治改革で走った8頭立ての馬車

1993年7月22日、都内のホテルニューオータニの一室。
小沢一郎・新生党代表幹事「首班を受けてもらえますか」
細川護熙・日本新党代表「お引き受けしましょう」
会談は実質わずか数分。細川首相がみえた瞬間だった。動いたのは小沢。衆院でわずか35議席を獲得したばかりの日本新党の代表を首相に押し立てるという政治の常識をくつがえす荒技だった。

細川は「客観的状況を考えると、推されれば時代の要請としてこれは受けざるをえない、準備は全く整っていないが地金でやるしかないと、その場で決断した」と振り返っている。『内訟録　細川護熙総理大臣日記』（日本経済新聞出版社2010年・10頁／以下、細川日記と表記）

ところが『聞き書　武村正義回顧録』（岩波書店2011年・124〜126頁）によると様子はまったく違っている。

7月21日ごろのこと。東京プリンスホテルに部屋を取っていた細川に呼ばれた新党さきがけ代表の武村正義。座るなり細川が武村の方を向いて「今朝小沢さんに会いました。僕にやれというんですよ」。「総理大臣を？」と武村が聞くと「そうです」と細川。「それ謀略じゃないの？」と聞き返した武村。細川は「いや、そんなことはありません！」と半分立ち上がって否定した。

その日の夕方、細川から小沢に会うよう頼まれた武村は全日空ホテルの小沢のもとをたずねた。半信半疑で半分ぐらい謀略だと思っていた武村は「小沢さん、今朝の話はなかったことにしてください」。すると小沢は「細川さんが駄目なら、武村さんでもいいんだよ」。「テレビ・新聞では羽田さんと言っているじゃないですか。おかしいじゃないですか」と詰め寄る武村。小沢は「フレッシュな人ほどいいんだ。新しい人がいいんだ」とぼそぼそと語った。１週間後に小沢、細川、武村の３人で会うことを武村が提案、小沢も了解した。

細川護熙

内密にしたまま1週間後に渋谷の東武ホテルで小沢、細川、武村の３人で会った。細川から会談の30分前にホテルの地下の喫茶店で会おうといわれた武村はそこで「まず最初に武村さんから小沢さんに聞いてほしい。１週間前の話はどうなんだ。変わっていないと言ったら、武村さんから、細川が（総理を）お受けすると返事をしてほしい」と頼まれた。

打ち合わせ通りにことは運ぶ。ここで「細川首相」が固まった。

細川の日記、武村の回顧録でわかる通り、政治家によってみえてくる、もしくは記憶に残っている事実は異なるものである。自己合理化や自分に都合のいい後講釈があるのは、少しばかりバランス感覚のある政治記者ならだれもが実体験で知っている。歴史はまちがいなくつくられる。それはどんな記録をのこすかにかかっているからだ。

ともあれ、細川擁立構想がうまくいった。小沢が見事に細川で非自民勢力をまとめあげた。

先立つこと1カ月、宮沢喜一内閣の不信任案に賛成して自民党を飛び出した羽田孜代表の新生党、不信任案に反対して自民党を離党して旗揚げした武村正義代表の新党さきがけ。1年前に結党した細川の日本新党。そこに旧来の社会・公明・民社・社民連の4党に、参院会派の民主改革連合も加わった。細川政権は8党派による非自民連立政権だった。8頭立ての馬車といわれ、寄木細工ともガラスの城ともいわれた。

1955年の保守合同以来、38年間にわたってつづいてきた自民党長期単独政権に終止符を打った。細川内閣は小沢の政治的芸術品だった。なにせ8党派である。やじろべえのような微妙なバランスの上に成り立っていた政権だった。

細川政権とは何だったのか

その特徴は第1に「政治改革政権」である。やじろべえの支点が政治改革だった。社会党左派の社会主義協会派から、自民党竹下派から飛び出してきた保守の新生党までの8党派である。政治理念はとうぜん異なる。結びつけるものは非自民だ。それだけでは単なる野合でしかない。海部、宮沢とふたつの内閣が倒れていった政治改革。結節点はそれを実現するためということだった。細川首相の特別補佐をつとめた新党さきがけの田中秀征がいうように細川政権は「政治改革特命政権」だった。

細川は8月の首相就任時の記者会見で、政治改革関連法案を93年中に成立させると約束した。できないときは政治責任をとる、とまで言い切った。

しかし与党内の調整は難航、とくに選挙制度をめぐって与党第1党の社会党には反対論が根強かった。94年1月21日の参院本会議での法案採決では17人が反対、3人が棄権して否決される始末だった。

自民党とも水面下の折衝がつづいた。細川日記によると、12月23日の天皇誕生日、皇居での祝賀会のあとホテルオークラで細川は極秘裏に竹下登元首相と会った（244頁）。翌々日の

25日、田中角栄元首相の葬儀が営まれた日の夜には、ひそかに宮沢喜一元首相とも会っている（246頁）。

そして94年1月29日未明、東京に大雪が降った夜だった。越年延長した臨時国会の会期が切れるギリギリのタイミングだった。細川護熙首相と自民党の河野洋平総裁によるトップ会談で合意。そろって記者会見した。小選挙区300、比例代表200、比例代表はブロック単位など自民党案に近いものだった。ようやく政治改革関連法案にケリがついた。

「野球で言えば9回裏2死からの逆転満塁ホームラン。共に合意を喜び合えり」（細川日記323頁）。

喜びは悲しみのあとにやってくる、悲しみも喜びのあとにやってくる——。懸案をかたづけると、8頭立ての政権の結び目がなくなった。それ以外のテーマは各党で考え方がバラバラだ。利害が複雑に絡み合い、とても行動をともにできない。それはゴルディオスの結び目に似ていた。複雑すぎて、それを解き放つには切り離すしかなかった。細川政権はこの瞬間に実はおわっていたのである。

話をもどそう。細川政権の第2の特徴は新党ブームがつくった政権で、時代の転換期にうまれた政権だった。

先陣を切ったのは92年の細川による日本新党だった。細川は『文藝春秋』92年6月号で「『自由社会連合』結党宣言」を発表。「『あげるべき時に声をあげなかった』わが祖父・近衛文麿の悲劇に、深く学びたい」として新党の旗揚げを宣言し92年7月の参院選にのぞみ、細川や小池百合子ら4人を当選させた。

1年おくれでつづいたのが新生党と新党さきがけだった。92年秋以降の自民党竹下派の内紛・主導権争いで、派閥分裂から新党結成にまでつき進んだ羽田・小沢の新生党。政治改革を訴えていた派閥横断の「ユートピア政治研究会」のメンバーだった武村、田中秀征、鳩山由紀夫ら若手議員による新党さきがけ。リクルート事件、佐川急便事件と政治腐敗の現実をみせつけられ、自民党長期政権にあきあきしていた有権者にとって、新党はかっこうの受け皿になった。

新党誕生の背景には時代が転換期に差しかかっていたことが指摘できる。冷戦構造の崩壊で社会主義に対峙する政党としての自民党の存在意義が希薄になった。自民党の存在そのものが変質しつつあったのである。イデオロギー対立の終焉による政党アイデンティティーの喪失だ。

冷戦の国内版だった自民党―社会党による対立の構図は、冷戦終結で意味をなさなくなった。保守が自民党に結集しておく必要がなくなったわけだ。新党は冷戦崩壊の贈り物でもあった。

経済面ではバブル崩壊によって右肩上がりの経済がおわり、自民党が一手に引き受けてきた分配型政治に行き詰まりが見えてきたこともある。公共事業、補助金、許認可の「さじ加減」で支持を集めてきた自民党政治が思うようにならなくなったことのあかしだった。

そう考えると細川政権は時代の落とし子のような政権だったと位置づけることも可能かもしれない。

第3はテレポリティクス（テレビ政治）が産み落とした政権だった。

細川政権を誕生させたのは、テレビ朝日系列「サンデープロジェクト」の司会者だった評論家の田原総一朗と、同じテレ朝系列「ニュースステーション」で進行役をつとめた久米宏で、「田原・久米連立政権」とまでいわれた。

テレビ朝日の椿貞良報道局長が細川内閣発足直後の93年9月の日本民間放送連盟の会合で、6月の衆院選報道にからんで「非自民政権が生まれるよう報道せよ、と指示した」と述べていたことが明らかになった、と産経新聞が報道。野党・自民党は椿氏を証人喚問した。

テレポリティクスということばが流布するようになったのはこのころからだ。細川首相はテレビを巧みに使った。記者会見もそれまでのスタイルを変えた。座ってではなく立って行い、質問する記者も手に持ったボールペンで自ら指名した。

93年12月、コメ市場開放を表明した記者会見では初めてプロンプターを使用した。11月、シアトルで開いたアジア太平洋経済協力会議（ＡＰＥＣ）非公式首脳会議の写真撮影では、薄茶色の長いマフラーを巻いて登場するなど、常にテレビ映りを気にしていた。テレビがつくり、テレビを意識した政権だった。メディアと政治の関係ではのちの小泉政権と並ぶ転機になる政権だった。

第4は権力をめぐる暗闘が繰りひろげられた政権だった。それがわずか9カ月で政権が崩壊した理由でもあった。

細川擁立で政権を奪取した立役者が新生党の小沢だったのはすでにふれたが、政権発足のときからずっと続いていたのは小沢と、官房長官になった新党さきがけ代表の武村正義による暗闘だった。細川は結局、小沢に乗った。見方をかえると、最初から武村が政権の獅子身中の虫だった。

8月6日の衆参両院本会議で細川は首相に指名され、9日に組閣を完了し、皇居での首相の親任式・新閣僚の認証式、そして初閣議と進んでいくが、組閣作業途中の7日、早くも細川日記に武村への不信感が顔を出す。

「組閣の作業。小沢一郎、武村正義氏らと協議。これに先立ち、官房長官を打診した武村氏が新聞にリーク、一部の新聞に報じられたため、小沢氏不快感隠さず。ただでさえ武村氏起用に反発強きところ、誠に心外なことなり」（細川日記24頁）

小沢と公明党書記長の市川雄一との一・一ラインに、民社党書記長の米沢隆を加えたワン・ワン・ライス（米）が「小沢枢軸」だった。

武村は小沢らによる強引な政権運営に批判的だった社会党委員長の村山富市と気脈を通じて対抗、それがのちの自社さ政権へとつながっていく。

政治改革関連法が成立したあと、政府・連立与党内の調整がなされぬまま突っ走って失敗した国民福祉税構想、小沢が武村更迭を求めた内閣改造騒ぎと混乱がつづいた。

政権崩壊の導火線となった国民福祉税構想

「国民福祉税は私にとっても唐突に出てきた話でしたからね。総理在任中で最大の失敗というか、もっとも悔いの残る話です」（細川日記514頁）

細川自身が振りかえるように、政権が揺らぐきっかけとなったのが国民福祉税の導入構想だった。名称を消費税から変更し税率を3％から7％に引き上げて、所得税減税の財源にしようとするものだった。突然降ってわいたように出てきた。

94年2月3日未明のこと。細川首相が記者会見して発表した。大騒ぎになった。税率7％の根拠を聞かれた細川首相が「腰だめ」との言葉を連発し、ひんしゅくを買った。細川と自民党総裁の河野洋平とのトップ会談で、最大の課題だった政治改革関連法案の扱いに決着がついたのが1月29日。それから1週間とおかないできごとだった。

国民福祉税構想は「脚本＝大蔵省、演出＝一・一ライン、主演＝細川首相」といわれた。首相の女房役であるはずの官房長官の武村にさえ事前に十分な説明がされていなかった。武村は一夜あけた3日午前の記者会見で「今回のやり方は私自身、大変異例だと思っている。『誤りを改めるにしくはなし』ということばがある」と国民福祉税を「誤り」とまで言い放った。

消費税反対を主張してきた社会党の反発はとりわけ強かった。この間の経緯について、当事者の一人である当時、社会党委員長だった村山富市は、次のように振り返っている。やや長くなるが、当時の状況がよくわかるので紹介しよう（日本経済新聞96年6月24日付朝刊『私の履歴書』）。

「細川政権は、幹事長・書記長による各党代表者会議で実質的に取り仕切られていた。そこでは新生党の小沢一郎代表幹事と公明党の市川雄一書記長の、いわゆる一・一ラインがすべてを取り仕切るという変則的な二重権力支配が問われるようになった」

「細川首相のうしろに小沢さんがいて、武村官房長官は次第に疎外された。私は首相に『苦言をいう人が近くにいないと政権はうまくいきませんよ』と忠告したが、聞き入れられなかった。盟友関係にあった細川・武村両氏の仲は冷えていった」

「こうしたいびつな政権が長続きするはずがない。この矛盾が噴き出たのが平成6年（94年）2月3日未明の細川首相の『国民福祉税の導入、税率7％』の記者会見だった」

「私はその直後の与党首脳会議で『突如としてイエスかノーかを問うやり方は、民主的ではない。この提案はどこでだれが決めたのか、消費税引き上げを名前を変えてごまかそうとするもので絶対に容認できない』と反対した。……結局、国民福祉税構想は翌日、白紙撤回された。私はこのころから政府内の強権的運営に強い不信感を持つようになった」

連立離脱、自社さ連立への下地作りはここから始まっていた。

こうした村山の見方について、小沢は著書で次のように反論している（『語る』文藝春秋1996年、94～95頁）。

「あの晩（2月2日夜から3日未明）、村山さんが我々の知らないうちに官邸に来て、ワーワーやった。すぐ直談判するんだね、あそこの党は。連立の仕組みがさっぱりわかっていない。連立政権はそれじゃダメなんです」

「各党が連立組んでいるんだから、連立の機構の中に持ちかえってもう一回、与党の代表者会議で相談すればいいわけだね。それは困る。どうしてもうちの党はダメだ。もう一度、考え直してくれと、こうなればいいでしょ。それを村山さんが官邸に直接行ってゴチャゴチャやるから、市川さん、怒っちゃった」

「それで、社会党がヒステリーおこして、政権離脱するなんて話になったから、断念するのも仕方ないという話になっちゃった」

細川はどうみていたのか。細川日記に掲載されているインタビューで悔しさをにじませながら語っている。

「官の方はこの際、政治改革もうまくいったし、支持率の高さに乗じて、消費税を名前だけ国民福祉税にして、一気に突き進んで行ってしまおうということだったんでしょうね。どう考えても無理があったと思います」

「根回しを怠っていきなり出せば、当然、ああいう結果になりますよ。こちらも根回しは当然、ある程度してあるのだろうと思っていましたからね」

「(悔いが残るのは)あそこで蔵相に辞めてもらう決断をしなかったことです。大蔵省を抑え込めないのであれば、そういう選択肢しかなかったかもしれない。内々で会った宮沢さんのアドバイスにもそんな示唆がありました。それをやっていたら、連立は空中分解したかもしれないけれど、政権は違う形になって残っていたかもしれない」（細川日記515～516頁）

国民福祉税構想につづいて、結局、不発に終わるものの武村官房長官の更迭をねらった内閣改造論も、政権の混乱に輪をかけた。

武村への小沢の不信感は前年93年末の政治改革法案の扱いをめぐっても表面化していた。細川日記によると12月16日夜、小沢が首相公邸の細川のもとをおとずれ「武村氏が政権内にいること自体が問題であり、自民党に通じている彼がいれば政治改革は不可と断ぜざるを得ず……そういう人物を側に置いておいて、総理はやっていけるのか」と迫る。「その返事があるまでは自分は休ませて貰う」といいおいて雲隠れした（230～231頁）。

『聞き書　武村正義回顧録』によるともっと臨場感にあふれている。

「小沢さんは私のことをカンカンに怒ってある日総理公邸に来て、公邸の玄関、ガラスのドアを開けて総理を呼びつけて、玄関に上がらないで立ったままで『武村官房長官のクビを切れ。そうでなければ内閣には協力できん』と宣言して、バチャンとドアを閉めて帰ったらしいんですね。……田中角栄さんが亡くなった日（12月16日）らしい。弔問に行ってきた帰りらしいんです」（163頁）

94年2月、内閣改造に向けて細川は武村に主要閣僚に残すことを約束して官房長官を更迭しようとするが、できずにおわる。

「問題の核心は官邸が機能せざるところにあり。とりまとめ役たる官房長官に対する与党内の不信の高まり、霞が関からのそれに勝る不信感はいよいよ極まれりと言うべし。……（武村による）自派の勢力拡張、権力闘争と受け取られるような動きばかり耳に入るは誠に困ったことなり」（細川日記384〜385頁）

4月、東京佐川急便からの1億円の献金問題で細川はわずか8カ月で政権を投げ出すが、すでにその前の段階で、もはや政権としての体をなしていなかったのである。

皇室にも連なる肥後熊本藩の18代当主で、新党を立ちあげてブームをまきおこし、ひとつの時代を画した細川。8頭立ての馬車は天馬のように去っていった。

92年5月、日本新党の結党を前にした日経5月19日付夕刊のコラム「複眼」を以下に紹介しよう。そこで予言したとおりだ。歴史とはなんとも皮肉なものである。

細川新党の因果——政界再編、3度目の挑戦

やはり血筋というものがあるのだろうか。前熊本県知事の細川護熙さんが打ち上げた新党構想から、ついそんな風に考えてしまった。祖父の近衛文麿は第二次大戦前夜に、曽《そう》祖父の近衛篤麿は日露戦争前夜に、それぞれ新党運動を繰り広げているからだ。ともに世界が新秩序形成に動くという点で、状況は今回と似ている。祖父、曽祖父の二度にわたる「失敗」は細川さんの新党構想の教訓になりそうだ。

○

一九〇〇年(明治三十三年)、義和団事件をきっかけに日露関係が風雲急を告げる。国内では伊藤博文と憲政党が手を結び、立憲政友会を旗揚げする。そんな中で出てきた新党運動があった。「国民同盟会」である。中心は貴族院議長で東亜同文会会長の近衛篤麿。近衛文麿の父、細川さんの曽祖父である。

ロシアの脅威を背景に対露強硬論を掲げ立憲政友会への批判勢力を糾合しようとした。篤麿は藩閥勢力に対抗する新たな政治勢力を形成していくうえでの政治的シンボルだった。

ところが二年後の一九〇二年(明治三十五年)、桂内閣の成立とともに国民同盟会は解散する。表向きの理由は日英同盟の締結など対外情勢の変化だが、桂内閣が伊藤内閣とは

違い対露強硬論に立ったことなどで同盟会内が割れた。新党運動はあえなく挫折、西園寺公望と並ぶ将来の首相候補と目された篤麿は一九〇四年（明治三十七年）、四十歳そこそこで病のため没した。

それから三十数年――。一九三八年（昭和十三年）、篤麿の子で時の首相である文麿を頂く近衛新党運動が起きる。近衛をリーダーに担ぎ上げることで一国一党体制を作り上げようとする軍部や小政党などの「革新」派。近衛新党によって再度、権力の中枢に近づこうとする既成政党。新党運動には政治的思惑が入り乱れていた。しかし近衛が政権を投げ出し新党計画は一頓挫《とんざ》する。

一九四〇年（昭和十五年）、新党運動が再燃した。ドイツのノルウェー、デンマークへの進攻など電撃作戦がきっかけだった。新党運動は新体制運動となり、政党は「バスに乗り遅れるな」と相次いで解党、大政翼賛会となった。だが、新体制運動も結局、激動の国際社会の中で日本が生き残っていくための政治・経済・社会システムの総合的な変革にはつながらなかった。この後、日本は戦争への道を突き進む。

新体制運動が失敗した理由は様々あろうが、近衛自身のパーソナリティーに一因があった。積極的に引っ張っていくのでなく、かつがれるタイプ。いわゆる指導者的な政治家ではなかった。名門の出で、どろどろした現実政治とは無縁だったこともある。公卿《くぎょう》ゆえの「弱さ」があった。

○

そして今回の細川新党である。昭和政治史が専攻の伊藤隆東大教授は「日本の政治では国際的な危機が到来した時、国内的な政治勢力の再編成が話題になる。近衛篤麿は対外硬運動、文麿はシステムの変革でそれを乗り切ろうとした。細川さんも含め三人に共通しているのは政治に関心の薄い層を政治の分野に引っ張り出してくるところだろう」と指摘する。

政治の世界へのアマチュアの動員である。永田町の外の勢力をまとめ、そこに乗りながら永田町を包囲するやり方だ。過去二回は政治的プロに担がれたものだった。今度はどうも政治的プロとの関係は希薄のようだ。うまく運べば政治的アマチュアの反乱になる。が、下手をすると「独り芝居」で、線香花火に終わってしまう。

細川さんが曽祖父、祖父の轍《てつ》を踏まず、その理想を現実政治の場で実現するには越えなければならない課題は多い。近衛—細川家の「歴史」は新党運動の難しさを示して余りある。

羽田政権——少数与党政権の宿命

1994年4月8日、細川護熙首相が退陣を表明すると、すぐさま自民党の渡辺美智雄元副総理・外相が連立参加への意欲を示すなど「ポスト細川」に向けて動き出した。連立与党内では新生党の小沢一郎代表幹事と公明党の市川雄一書記長による一・一ラインの主導に反発する社会、さきがけ両党などが独自の行動を取り始める一方で、新生党の羽田孜党首を首相指名選挙で統一候補として擁立する方向が固まった。

羽田　孜

4月25日、細川内閣が総辞職し、衆参両院本会議で羽田を首相に選出した。その直後に、新生党、日本新党、民社党などが衆院に届け出た統一会派「改新」が連立の枠組みを変更させることにつながった。

社会党の村山富市委員長は猛反発し、与党党首会談を途中退席、連立政権からの離脱を発表した。村山は「何の相談もなく連立の枠組みを大きく変えたことに、数で政治をろう断する意図がありありだ。連立政権の性格からして許されない」と激しく批判、たもとを分かった。

改新は必ずしも一・一ラインが引っ張って結成したものではない。民社党の大内啓伍委員長がリードし、首相の座を退いた細川も主要な役割を演じている。それぞれの党内や連立内での影響力を保持し、強めたいという政治家の本能によるところが大きい。権力闘争をなりわいとする政治家にとっては批判するには当たらないことかもしれない。

村山らにはそれが一・一ラインの筋書きで「社会党外し」と映ったことがここでの問題だ。真実がどうだったかより、風景がどのように見え、その結果、現実政治がどう動いたかである。

細川内閣でのコメ市場の部分開放、政治改革関連法そして国民福祉税構想、内閣改造問題と続いた中で、改新騒ぎがおこり、社会党はもはや行動をともにできないと判断した。さきがけも同一行動をとった。細川政権からつづいた対立の結末だった。一・一ラインと、武村・村山ラインのぶつかりあいだった。

羽田内閣は新生党から8人、公明党から6人が入閣、一・一ライン主導内閣とまで言われた。社さ両党が閣外協力で連立から離れたことにより、連立与党は衆院で野党の自民党の勢力を下回る少数与党政権となった。参院でも全体の4分の1にも満たない絶対少数与党に転落した。

連合政権のパターンの中で「過小規模連合」と呼ばれるものだ。二つ以上の政党が連合しても、議会内で「50%プラス1」議席を確保できない連合である。連合政治に詳しい岡沢憲芙早大名誉教授は著書（『現代政治学叢書13 政党』東大出版会1988年・81頁）で、過小規模連合政権について次のように指摘している。

「内閣不信任案が提出されたら、よほどのことがない限り、成立する可能性が非常に大きいので、内閣は常に辞表を胸のポケットに入れておかねばならない」

羽田政権にとって「辞表を胸のポケットに」の結末が発足から2カ月後の6月末に訪れる。6月23日、自民党が羽田内閣の不信任決議案を提出したからだ。社会党を引きつけられないまま、衆院解散・総選挙か内閣総辞職かの決断を迫られた。

翌24日夜、羽田は官邸の首相執務室に小沢とともに、こもった。10時間余りに及んだ。羽田は「重大な決意」で対抗しようとした。その3年前の91年9月、政治改革法案の廃案処理に反発した海部俊樹首相が口にしたあのことばだ。解散を意味するものである。

石原信雄官房副長官は「羽田さんは解散する気持ちだったように思います。……私ども事務方としては、国会解散あるべしという前提で準備していたんです。しかし小沢さんが来て、羽田さんとずいぶん長い間話をされて帰ったあと、総辞職をすることになったんです」と回顧している（『首相官邸の決断』中央公論社1997年・171頁）。

日本新党をはじめ選挙基盤の弱い連立与党のなかではとても選挙を戦える状況にはなかった。しかも政治改革関連法が成立、小選挙区になることは決まっていても、新たな選挙区を定める区割りの法律はまだ定まっていない。それまで通り中選挙区での選挙にならざるを得ない。

羽田内閣総辞職のあと羽田は再び首相指名されることを期待したフシもあるが、「ポスト羽田」の首相指名選挙で小沢らは自民党の再分裂をねらって自民党籍のある海部俊樹を擁立した。自民党は社会党の村山委員長を担ぎ、自社さ連立の村山政権が誕生した。

小沢らには、自民党も社会党を割って政党を再編、政治の新秩序を作りたいとの思いがあったのは間違いない。安全保障をはじめとする政策による政党の組み替えを目指したものだったのはたしかだ。

手を突っ込まれ割られそうになった側に、自己防衛本能が働いた。55年体制下では、とても考えられないような自社による連立政権が誕生した。

うたかたの64日間でおわった羽田政権。細川政権の雨のしずくのような政権だった。

第4章

村山政権とは何だったのか

――55年体制と社会党に幕を引いた政権だった

水と油の政権誕生

「決選投票の結果、村山富市さんを内閣総理大臣に指名することに決まりました」——1994年6月29日夜、土井たか子衆院議長の声が本会議場に響きわたった。ウォー、歓声とともに拍手が広がった。

社会党委員長の村山富市と、海部俊樹による本会議決戦。首相指名選挙の1回目投票は村山241票、海部220票だった。いずれも過半数の252票に届かなかった。決選投票で村山が261票と、海部の214票を圧倒した。自民党と新党さきがけも推した社会党委員長の首相が誕生した瞬間だった。「水と油」といわれた自民党と社会党が手を結んだのである。

羽田孜内閣の総辞職で、新生党の小沢一郎代表幹事は海部俊樹を「ポスト羽田」の首相候補にかついだ。自民党内からも中曽根康弘元首相らが同調した。

小沢一郎と公明党の市川雄一の「一・一ライン」が主導する連立与党に反発、連立政権から離脱していた村山と、新党さきがけの武村正義代表らは別の道を探っていた。

政権復帰に向けていち早く動いていたのが自民党である。河野洋平総裁、村山、武村による自社さ党首会談もひそかに画策、一・一ラインへの対抗勢力の結集をめざしていた。

そこで浮上してきたのが村山擁立構想だ。さまざまなうごめきがあった。
当時、自民党幹事長だった森喜朗は、最大の立役者は亀井静香だと明言する。
「亀井さんは村山さんの側近で社会党左派の有力者の野坂浩賢国対委員長と固く結びついていた。（警察官僚の）亀井さんは鳥取県警にいたことがあり、鳥取県議だった野坂さんとはそれ以来の付き合いだった。私も苦しい党財政の中から亀井さんの工作資金を工面した」（『私の履歴書　森喜朗回顧録』日本経済新聞出版社2013年・181頁）
村山内閣で自治相をつとめた野中広務元幹事長は、村山を説得したのは自民党の戸井田三郎だという。

村山富市

「最後に村山さんの気持ちを思いやりながら口説いたのが、村山改造内閣が発足して首相特別補佐を務めた戸井田三郎さん（元厚相）だ。戸井田さんと村山さんは……『社労族』で20年を超える付き合いがあった。『この際、やっぱり男としてここまで来たら総理大臣をうけるべきだ』と長い人間同士の付き合いの中で切々と訴えた結果、村山さんが『うん』と言ってくれた」（野中広務『私

は闘う』文藝春秋1996年・126頁）

羽田内閣総辞職の直後には意外な人物も、議員会館の部屋をたずね「村山首相」実現を直接本人に働きかけようとした。石原慎太郎と中尾栄一だ。自民党の青嵐会に属しタカ派で鳴らしていた2人である。社会党左派の村山とは思想的にまったく相いれないはずだ。

ところが、である。『村山富市の証言録　自社さ連立政権の実相』（新生舎出版2011年・105頁／以下、村山証言録）によると、こんなぐあいだ。


「いや、実はちょっと相談がある」

「僕にですか。何の相談ですか」

「実はあなたに総理をやってもらいたいんだ」

「それはダメです。そんなことを僕はあなた方からいわれて、『ああそうですか』というわけにはいかん。僕にはそんな考えは全然ありません。とんでもない話です」

「まあ話ぐらいは聞いてくれ」

「いや、それは聞くに及びません」

自民党は右から左まで、なりふり構わず政権に復帰しようとしていたことがよく分かるエピソードだ。

村山は海部が首相に指名されるとばかり思っていたと述懐する。

「委員長が首班指名候補になるのはこれまでもあったし、ある意味では当然のことだと思うから、これは受けざるを得ないなとは思うたけれど、本会議で僕が首班指名されることについては本当に思っていなかった。……驚いた。正直、これは大変なことになったなと思った」（村山証言録120〜121頁）

たしかにその通りだった。それから村山も社会党も「大変なこと」になった。

村山政権とは何だったのか

第1に、戦後政治の55年体制にピリオドを打った政権だった。

米ソ冷戦構造の終焉とともに、その国内版だった自民・社会の1と2分の1の55年体制は、非自民連立の細川護熙内閣によって崩壊した。ずっと敵対してきて一緒になるはずのない自社が組んだ社会党首班の連立政権によって、自民党単独政権の戦後政治体制が完全におわりを告げた。

なによりも、首相になった村山が自衛隊、日米安保体制を容認したことで、自衛隊違憲、安保反対の社会党はおわった。

94年7月20日、村山の所信表明演説に対する衆参両院本会議での代表質問がはじまった。最初に質問にたった新生党党首の羽田前首相の質問に村山は答えた。

「自衛隊に関する憲法上の位置づけについてのご質問です。よくお聞きをいただきたいと思います。(拍手)私としては、専守防衛に徹し、自衛のための必要最小限度の実力組織である自衛隊は、憲法の認めるものであると認識するものであります」

「維持と言おうが堅持と言おうが、日米安保体制の意義と重要性についての認識は、私の政権においても基本的に変わるところはなく……」(衆議院本会議会議録)

村山が基本政策の転換を決意したのは首相指名を受けた直後だった。官邸に入ると官房副長官の石原信雄に引きつづき職務にとどまるように要請した。すると石原は「安全保障の問題と自衛隊の位置づけだけはちゃんと決めていただかないと」とただした。「石原さんね、心配せんでいい。僕も腹決めてやるつもりだから」。「それなら結構です」と石原も了解した(村山証言録38頁)。

石原は「世間はやはり、総理が就任されて、いちばんこの二つの問題(日米安保と自衛隊)

について関心をおもちですよ。だから方向転換をするのであれば、なるべく早い時期に総理の口からそれを明らかにするほうがいいんじゃないでしょうか」と進言する。村山は「そうですか、それじゃあ、早くやりましょう」と応じた。『首相官邸の決断』(中央公論社1997年176〜177頁)

それが6月30日の内閣発足からすぐの7月20日の国会答弁になった。

しかし、このあと社会党は分裂騒ぎがおこる。社民党に名前をかえ衰退の一途をたどる。一将功なりて万骨枯る。村山が栄光の社会党を終わらせる役割を演じたのは否定できない。

「日本社会党はどこへ行くのか?」と題する当時のコラムを紹介しておこう(『THE21』1994年10月号)。

社会党って何だろう――。村山富市社会党委員長が首相に就任し、相次いで打ち出した政策転換は、与野党を問わず、大きな驚きを与えた。とくに日米安保・自衛隊政策の転換は、いつの日にかは避けられないものだったとしても、あまりの性急さに、社会党の存在意義そのものが問い直されているようだ。

戦後政治の中で社会党が果たしてきた役割には、大きく分けて二つがある。

一つは、日米安保・自衛隊政策や対韓政策で社会党が「東」寄りの政策を採り、「西」寄りの自民党との役割分担をしたことである。冷戦構造のなかでアメリカを中心とする西側世界とつながったのが自民党。その対抗軸としてソ連を中核とする東側世界とのパイプをもったのが社会党という構図である。

もう一つは、経済成長重視、生産者優先で突っ走る自民党にブレーキをかける、生活者・消費者本位のチェック機能である。

まず安保・防衛政策については、社会党の歴史に燦然と輝くのが60年安保闘争である。有権者の支持にしても、大衆動員の質量にしても、社会党にとって、ここがピークだった。自衛隊は違憲であり、日米安保条約に反対するというのが基本的なものの考え方で、ここが社会党の原点だった。

しかし、実態は60年安保闘争に敗北したことで、それ以降の社会党の歴史は、自衛隊や日米安保という存在してしまったものを、法体系の中でどう位置づけるかという自己矛盾に満ちた、いわば「ごまかし」の歴史だった。

その典型が84年、石橋政嗣委員長が打ち出した自衛隊の「違憲・法的存在」論だった。

その後、自衛隊の存続を認め、自衛隊の改革を提唱し、自衛隊の縮小を促し、あれから10年。村山首相が「自衛隊は憲法の枠内」「日米安保は堅持」と言明して、ようやく自己矛盾との決別が可能になったが、では戦後の党の歴史は何だったのかということになってくる。

朝鮮半島の情勢も同様だ。65年、社会党が反対した日韓基本条約を自民党が強行して国会で批准した以上、いかに社会党は認めないと強弁してみても、それは国内でしか通らない理屈だった。もちろん朝鮮民主主義人民共和国（北朝鮮）と社会党が付き合うことで、自社両党で南北双方との付き合いの役割分担をするという副次的な効果はあったものの、その分、社会党の対韓政策は手が縛られることになった。日韓基本条約を条件付きで認めたのが91年。批准から四半世紀かかっている。

もう一つのチェック機能の方も、様子が変わってきた。原子力発電や日の丸・君が代の容認に続いて、消費税も税率引き上げを認める方向に傾きつつある。89年の参院選、90年の衆院選と社会党が掲げた消費税廃止の旗はどこへ行ったのだろうか。自民党政権への「ノー」の意思表示をする場が社会党の存在意義だったはずだが、それさえなくなってしまった。

「これまでの『政敵』を失ったことによって、新しいアイデンティティーの確立が求められている」。7月末の中央執行委員会で決定、9月3日の臨時党大会での採択を予定している『当面する政局に臨むわが党の基本姿勢』の書き出しの部分に、こんなくだりがある。たしかに、一連の政策転換で昔からの党員や支持者は、社会党とは一体何なのかが分からなくなる「アイデンティティー・クライシス」に陥っている。

13代目の委員長が首相になり、過去を捨てたことで、社会党は自民党とどこが違うのかが明確でなくなった。社会党の店仕舞いの時期は、もうすぐそこまで来ているのだ。

村山政権の第2の特徴は、55年体制が実は自社の表裏一体のものだったことを白日のもとにさらしたということだ。政界もたれ合いの構図といいかえてもいい。

政権を奪還するためとはいえ、自民党が社会党左派の村山富市をかついだ点がまさにそうだが、国会で攻める社会・守る自民は水面下でつながっていた。族議員にしても自民が表の族なら、社会は裏の族。その中心にいたのが竹下登をはじめとする田中派・竹下派だった。

自社連携を表に出すきっかけを与えたのが小沢一郎という政治家の存在だった。自社さ連立の人間関係で通底するのは小沢嫌いの感情だった。公明党の市川雄一との一・一ラインを中心に、トップダウンで強引に根回しなしで決めていく小沢流の政治手法への反発が結節点だった。だから反小沢を政治のプロセスで示そうとした。自社さの意思決定が徹底した下からの積み上げであるボトムアップ型だったのはそのためだ。

自民党政調会でいえば各省庁に対応した部会にあたる自社さの「省庁別調整会議」や、自民党政調会のプロジェクトチームにあたる自社さの「課題別調整会議」など与党の意思決定システムの基本形は自民3・社会2・さきがけ1の割合で自民党だけでは決定できない仕組みになっていた。

当時の政策決定過程は次のようだった（『日経ビジネス』1995年1月23日号をもとに再構成）。

村山連立政権の政策決定は、新生党代表幹事の小沢一郎と公明党書記長の市川雄一書記長の「一・一ライン」がリードした細川連立政権のやり方を否定するところからはじまった。細川政権の政策決定システムは、自民党政治の否定だったから、もとに戻すものだった。

細川政権は「オープンな議論」を掲げ、自民党の国対政治や「政官業の癒着」を断ち切ることを目標にすえた。政策も外からはっきり見えるように代表者会議、政務幹事会、政策幹事会といった各党派のメンバーの集まりを通じて、決定していった。

自民党政権のような政調会の各部会から積み上げていく意思決定方式をやめたのがミソだった。狙いは族議員の排除だ。このやり方は、個別利害を排するには役立った。

しかし、政策幹事会―代表者会議で扱う範囲は限られ、政治が判断する政策項目を減らす結果にもなった。結局、決定権の多くを官僚機構にゆだねることになり、官僚主導を許した。自社さ連立はこれを批判した。

そこで打ち出したのが「3・2・1」の原則である。自民党が突っ走るのではなく社さ両党の合意も得たうえでないと進まないという方針の確認だ。3党の合同機関の構成メンバーの比率を自民3・社会2・さきがけ1を基本とした。

これだと自民党だけでは過半数に達しない。意思決定はあくまで全会一致を原則としたものの、自民党が多数を占めておれば、ごり押しするおそれもある。3・2・1であれば、それはできない。自動調節機能が働くような仕組みをつくったわけだ。

省庁別の調整会議も、課題別のプロジェクトチームも、会議のまとめ役である座長は2

カ月交代とし、三党で順番に回すことで、運営が特定の党に偏らないようにした。

その上位機関である政策調整会議（構成＝自民3・社会3・さきがけ2）や、院内総務会（自民10・社会7・さきがけ3）、国対委員長会議（自民4・社会3・さきがけ3）も、自民党だけで牛耳ることのないようにした。最高意思決定機関である与党責任者会議にしても、3党の幹事長・書記長・代表幹事らを網羅する形にして、自民5・社会5・さきがけ3と対等の扱いとした。

まず省庁別の政策調整会議とプロジェクトチーム、続いて3党の政策担当責任者らによる政策調整会議、そして与党院内総務会と上がっていくわけで、手続きは部会→政調審議会→総務会の自民党の流れそのままだ。

こうした入念な手続きをとった結果、ふたつのことがおこった。ひとつは、決定までに手間暇がかかったということである。3党の合同機関に加え、各党それぞれ、党内の機関で議論し了解を得なければならないからだ。当時、ある自民党議員は「ひとつのことを閣議決定に持ち込むには、党の部会から始まって、与党、政府の手続きと最低、10の会議は経なければならない」と苦笑していた。

安全保障、税制改革、戦後処理問題など自社両党にとっては、それまでの数十年間、激しく戦い続けてきたテーマで合意を見いだそうとするわけで、そう簡単なことではなかった。議論は延々とつづいた。

3党の決定は政府を強く拘束した。3党段階でかりに調整がつかなければ終わりで、閣僚レベルでの再調整といった余地はなかった。しかも、どこに落ちつくのか、「政」の着地点の見当がなかなかつかなかっただけに、「官」は対応に困惑した。実質的な権力は与党にあった。

もうひとつは、いったん3党のプロジェクトチームなどで決着がつけば、法案は確実に成立した。衆参両院とも、自社さで圧倒的多数を持っていたためだ。それまでなら審議でもんだり、修正したりと国会を舞台とした与野党協議がなくなった。国会の外に実質的な協議の場ができて、国会が空洞化した。

さらに付け加えておくと、自社が組んだことで有権者の政治不信が加速した。対立しているとばかり思っていたものが実はつながっていて一緒になる。有権者は何を信じていいのかわからなくなった。政治に嫌気するのは当然だろう。

95年4月の統一地方選の東京・大阪知事選で、既成政党がおす候補を無所属候補がくだした

「青島ノック現象」がそのあらわれだ。95年7月の参院選では投票率が50%を大きく下回り、44・52%と過去最低を記録した。

期待した非自民の細川連立政権があっという間におわり、そのあとの自社さで、90年代の半ばには無党派層が一気に増えた。政党支持のない、もしくは政党支持を捨てた無党派層がこのあとの日本政治をゆるがしていくことになる。そのきっかけをつくったのは自社連立だった。

政権の第3の特徴は、危機管理能力が欠如していたということだ。不幸なことに95年1月17日の阪神・淡路大震災や同3月20日の地下鉄サリン事件、9月の沖縄での米兵による少女暴行事件と95年に戦後50年の日本社会の問題点が一気にふきだす事件・事故が相次いだ。

阪神・淡路大震災への対応について、村山証言録であけすけに語っている。

「正直いうと、僕は朝6時のNHKニュースでみた。それが最初。（発生は午前5時46分だが）それまでは一切官邸には連絡はなかった。……それからしばらくして官房長官の五十嵐さんから電話があって『これは大変なことになりそうです、実態はよくわかりません。わかり次第連絡するから』ということだった」（195〜196頁）

その五十嵐広三官房長官は次のように回顧している（村山証言録196頁）。

「政府のなかで地震をはじめ災害を担当している部署は、国土庁防災局です。……大規模な自然災害が発生すると……直ちに総理はじめ我々のもとに連絡する伝達システムになっていました。阪神・淡路大震災の第一報が気象庁から国土防災局にファックスで伝えられたのは午前6時7分。宿直を担当していた職員は……一斉に緊急に防災局職員を呼び出しました。最初に登庁してきた者が国土防災局に着いたのは午前6時45分。……総理と私の秘書官にそれぞれ午前7時及び7時10分に電話連絡をとってきました。その間すでに1時間以上経過しています。秘書官は『具体的な被害情報がまだ上がっておりません』という状況を私に報告してきました」

村山は情報がなく被害状況がつかめないまま予定通りの日程をこなす。非常災害対策本部の設置を決めたのは午前10時からの定例閣議。その後も被害状況の把握がおくれ、対応が後手にまわった。厳しい批判をまねいた。

当時、官房副長官だった石原信雄は危機管理がうまくできなかった理由を以下のように解説する。

「災害対策基本法など、その他の法令で内閣が直ちに行動を起こすようなシステムになっていなかったのは、これは残念ながら事実ですし、その原因は、遠く尋ねればやっぱり社会党なんです。社会党が内閣権限強化にずっと反対し続けたわけです。内閣が機敏に対応することを嫌ったわけです」（『首相官邸の決断』１８２頁）

とくに自衛隊の出動が遅れたことが批判された。知事の要請が原則でその手続きに手間どったためだ。その教訓から自治体からの求めがなくとも自衛隊の災害派遣をスムーズにする法改正や災害対策基本法の改正などをした。私有財産の補助・援助はできないとしていたのも改めて、被災者生活再建支援法を制定し被災者個人を支援できるようにした。

阪神・淡路大震災によって政府の危機管理体制が遅まきながら整えられた。

その一方で、95年には戦後50年の村山談話を発表、社会党首相としての存在意義を示した。過去の「植民地支配と侵略」に「痛切な反省」と「お詫びの気持ち」を表明した。これによって過去についてひと区切りをつけた。ただ戦後70年の安倍談話までつづく論争の火だねとなった。

談話を決定した8月15日の閣議の様子を当時、官房副長官だった古川貞二郎は次のように回顧している。

「閣議で談話案を読み上げるのは事務副長官の役目。私はかつてない緊張感を覚えた」

「司会役である野坂浩賢官房長官が『古川副長官が談話案を読み上げますので、謹んで聞いてください』とわざわざ発言した。普通は官房長官が閣議の進行で『謹んで』というようなことは言わない。野坂さんも同じ思いなのだと心が熱くなった」

「閣議室は水を打ったように静まりかえり、しわぶき一つ聞こえなかった。閣僚は腕組みしながら聞き入っており、異論はまったく出なかった」（古川貞二郎『私の履歴書』日本経済新聞出版社2015年・87頁）

唐突な退場

登場が唐突なら、退場も唐突だった。1996年1月5日、いきなり村山が退陣を表明した。新年恒例だった元日の公邸開きには大勢の人がおしかけ、4日にはこれまた恒例の伊勢神宮の参拝もおえた翌日だった。

いったい何があったのか。退陣にいたる経緯は、村山内閣で蔵相をつとめた新党さきがけ代表の武村正義が『聞き書　武村正義回顧録』（岩波書店2011年・292〜294頁）で明らかにしている。それをもとに再現してみると——。

95年12月はじめ予算編成を前に、すし屋のカウンターで村山は「武村さん、俺はもうもたん。もう限界じゃ。辞める。辞めさせてくれ」とSOSを発した。武村は「それは困ります。来年の予算が通る春までは頑張ってください。それじゃあ、総理、年末に時間をかけて相談しませんか」ととりなして、12月29日の夜をむかえた。

村山は伊豆長岡温泉の「三養荘」で年末を過ごしていた。予算編成もおわり武村は車で向かった。夕食をおえた村山が待っていた。

村山「もう駄目や。年内に辞めたい」

武村「総理、年内って、あと2日しかないじゃないですか」

村山「(笑いながら)2日もあるから、この2日のあいだに辞めたい。31日に記者会見をする」

武村「それはどう考えても無理ですよ」

村山「じゃあ。元旦に辞める」

武村「元旦早々ということはないでしょう」

村山「それじゃあもう、伊勢神宮やな。伊勢神宮には武村さん、記者は来よるし、参拝が終わったら記者会見しなければならんから、あそこでやろう」

武村「総理、伊勢神宮にはベテランの政治記者は来ません。みんな若手が来る。総理が辞めるというのは最大のニュースだから、そんなところで軽々しく言ってはまずい」

村山「じゃあ、帰って来て1月5日にしよう」

武村「じゃあ、5日にしましょう。それまでは総理、絶対にこの話は漏らせませんな」

村山「それはそうじゃ。漏らしたらあかん」——

1月5日午前10時から新年の初閣議、11時からは社会党の旗開きが開かれ、いつものような年明けの風景だった。

ところが正午すぎ。緊急の自社さ3党首会談が開かれた。村山が辞任の意向を伝えた。午後2時半からの臨時閣議で内閣は総辞職した。村山は3時半からの記者会見で退陣を正式に表明した。

次は自民党総裁の橋本龍太郎通産相の出番だった。1月11日、自社さ連立の橋本内閣が発足した。96年10月の衆院選のあと社民・新党さきがけは閣外協力に転じた。参院選を前にした98年5、6月に社さ両党は閣外協力も解消、自社さの時代がおわった。

自社さとは何だったのか——「次」への踊り場だったというのが著者の当時の総括である(98年5月29日付日経朝刊)。

—— ついにというか、ようやくというか、自社さ三党体制に終止符が打たれる。九四年六月の村山内閣の発足から四年。水と油といわれた自民、社民両党による与党体制には功罪相半ばするものがある。ただ、間違いないのは政治史的には五五年体制から、まだどうなるかわからない次の体制への踊り場程度の意味しか持ち得ないということである。

自社さをつくったのが小沢一郎氏だとすれば、自社さを崩したのもまた小沢一郎氏だろう。

四年前を思い起こしてほしい。九四年四月、細川護熙首相が政権を投げ出し、羽田内閣が誕生する。衆院の統一会派問題で、小沢氏らと社会党、新党さきがけとの関係がこじれ、自民党と接近していく。そして村山内閣が誕生する。自社さ連立は「反小沢連合」だった。

政権にあることで政党としてまとまっている自民党。村山内閣は自民党が政権復帰のためにつくったものだった。自社さは理念や政策でできたものではない。何をするかではなく、政権を獲得し、維持することが目的だった。

九六年一月、橋本内閣になり、同十月の衆院選を経て、社さ両党が閣外協力へと関係は弱まったものの、自民党にとって自社さは政権維持の基本だった。そして九七年末、新進党の解党である。共通の敵だった小沢氏は新進党解党とともに、政局のわき役から端役になった。

もちろん、自社さが無意味だったといっているのではない。村山内閣では被爆者援護法や水俣病、戦後五十年問題などにケリをつけた。三党の圧倒的多数のもとで、五五年体制下の積み残し案件を処理したわけで、自社さでなければ、できなかったことだ。

政策決定をオープンにした点も過小に評価すべきではない。細川政権下では物事がどこで、どう決まっているのかわからなかったのを、三党の「下からの積み上げ」で時間をかけながら事前調整をしていった。プロジェクトチーム、政策調整会議、与党責任者会議……。手間暇はかかったが、じっくり話し合ってまとめていくやり方は極めて民主的だった。

しかし、これも五五年体制下では自社による国会の中での調整だったものを、国会の外で行っただけとの見方もできる。その意味で、自社さは国会の形骸《けいがい》化を進めた。

もう一つ挙げるとすれば、自社さの意味は、米ソ冷戦構造とその国内版である五五年体制が崩れ、政党に理念や政策のはっきりした違いがなくなったことを示したことだ。政治的無関心層の増大や投票率の低下なども無関係ではあるまい。

政権党である自民党が割れないとすれば、政界の基本構図は、自民党に民主党、旧公明党グループ、共産党の三党が対峙《たいじ》していく形になる可能性が大きい。その先がどうかはまだ見通せないが、社民党やさきがけの居場所は考えづらいものがある。

社会党としての戦後五十年の輝ける歴史を持つ社民党はこの先、一体どうなるのだろうか。

第5章

橋本政権とは何だったのか

――改革をめざし経済危機で倒れた「改革」政権だった

改革で帆をあげて改革で揺れた

1996年9月11日。政権発足からちょうど8カ月たっていた。東京・内幸町の日本記者クラブ。橋本龍太郎首相が講演するというので会見場の10階ホールは超満員だった。

「私はこの際、いよいよ行政改革の本丸ともいうべき中央省庁のあり方自体を白地から見直すべき時機にいたっていると確信しております。現行の22省庁体制では細分化されすぎているため、的確な業務の分担・連携が困難になりつつあるということです」

「国家の存続機能、国の富を拡大し確保していく役割、国民生活の保障、教育や国民文化の伝承。この国家の4大機能に即した省庁体制がどうあるべきなのか。22省庁をこの4つの機能に応じて半分程度にすべきではないのか」

「官邸のリーダーシップの強化と行政の機動的、弾力的な運用というものがあります。予算編成、人事、あるいは行政管理の機能を官邸のもとに置けないものだろうか。こうした基本的な問題にもきちんとした整理が不可欠だと思っています」

橋本行革ののろしがあがった。

93年7月の衆院選から3年以上たち、衆院解散・総選挙が秒読みとみられていた時期だった。非自民連立の細川護熙・羽田孜政権から自社さ連立の村山富市政権をへて自民党首相の橋本政権。94年の政治改革関連法の成立で、初の小選挙区選挙だった。96年9月27日に衆院解散、10月8日公示―20日投票となった。

橋本自民党と小沢一郎率いる新進党が雌雄を決する衆院選。その選挙公約の柱となったのが省庁半減を柱とする橋本行革だった。自民党は２３９議席を獲得、社民党・新党さきがけを加えて与党は２５６議席とギリギリで過半数の２５１議席をこえた。

選挙をへて橋本行革が動き出した。11月に学者や経済人らをメンバーに橋本自らが議長をつとめる「行政改革会議」をスタートさせた。

橋本龍太郎

それから1年かけ、97年11月に行革会議は1府12省庁の省庁再編案をまとめあげた。ところが橋本政権の末路を暗示するできごとがゴール地点に待ちかまえていた。

再編案を決定する最終局面で、行革のいつもの風景ではあるが、各省庁につらなる族議員が立ちはだかった。大もめにもめた。ようやく政府・与党内の調整がついたのは97年11月22日深夜。最終案を決定する行革会議が開かれたのは日付をまたぎ、23日午前2時だった。

午前2時40分すぎ、橋本が官邸の記者会見室にあらわれた。行革会議の結論を高らかにうたいあげるはずだった。ところが記者たちの関心は別のところにあった。

その朝に配られる紙面（23日付朝刊）で日本経済新聞が「山一証券　自主廃業へ」と報じているとの情報が流れ、記者たちはその確認に追われていたからだ。

「ちょっと待ってくれよ。正確な情報を知らないから、正確に答えられないんだ」

「事実、本当にそうなんだよ。僕は報告を受けていないからコメントのしようがない」

橋本は、記者団から山一証券が経営破たん情報の事実関係の確認を求められると声を荒らげた。

せっかくの内閣の金看板が台なしだった。橋本行革が山一に吹き飛ばされたかたちになった。それから8カ月後に経済危機で倒れた改革政権を象徴するかのような「事件」だった。

橋本政権とは何だったのか

第一に、行政改革をはじめとして6つもの改革を標ぼうした「改革政権」だった。戦後50年をへて、日本という国の経済社会システムにさまざまな問題点が明るみに出てきた時期だった。

バブルがはじけて経済には停滞感がみえはじめていた。政治も連立政権の時代に入っていた。地下鉄サリンなどオウム真理教の事件は人びとに衝撃を与えた。21世紀を前にこの国を変えていかなければならないという政治的な議題の設定は、時代が求めるものでもあった。

行政改革、財政構造改革、社会保障構造改革、経済構造改革、金融システム改革（金融ビッグバン）、教育改革――これが橋本政権のかかげた6大改革だった。

とりわけ行政改革が最重要課題だった。鈴木善幸内閣から中曽根康弘内閣での土光臨調（第二次臨時行政調査会）に、自民党側から行財政調査会長として関与するなど、橋本にとって政治家としてのライフワークでもあった。厚相として入閣した大平正芳内閣で一般消費税構想が一敗地にまみえたあと、政府・自民党にとっては「増税なき財政再建」であり「行革なくして増税なし」が共通認識だった。

それればかりではない。通産相として入閣していた村山富市内閣の際におこった阪神・淡路大震災での行政の機能不全ぶりも橋本の背中を押した。危機に対応できなかった行政のあり方を変える必要性が痛感された。

その柱は1府22省庁から1府12省庁への省庁再編だった。内閣の機能を強め、縦割り行政を改めるのがねらいだった。

総理府・経済企画庁・沖縄開発庁を「内閣府」に、自治省・郵政省・総務庁を「総務省」に、文部省・科学技術庁を「文部科学省」に、厚生省・労働省を「厚生労働省」に、建設省・運輸省・国土庁・北海道開発庁を「国土交通省」にそれぞれ統合した。新制度のスタート時期は2001年1月に定めた。

新設した内閣府は、首相の権限で特命担当相をおくことができると定め、そのときどきの政治テーマに対応できる体制とした。首相のリーダーシップを強化するねらいだ。小泉純一郎内閣で経済政策の司令塔となった経済財政諮問会議もこの橋本行革の枠組みからうまれた。

官僚主導から政治主導(内閣主導・官邸主導)へ。その基本形をつくったのが橋本行革だった。その肝だったのは内閣法を改正し、首相の発議権を明記し、その立案を助ける内閣府を新たに設けたことだ。首相の権限強化である。

憲法秩序は、憲法と、内閣法などの憲法附属法でつくられている。橋本行革はまさにその統治構造のかたちを変えたのである。実質的な意味での憲法改正といっていい。

小泉純一郎内閣の首相主導、そして第2次安倍晋三内閣の官邸主導は、橋本行革の果実によるものである。90年代につくった制度を21世紀になって巧みに使った例だ。もちろんもうひとつの要素である小選挙区制で、派閥から党執行部へと党内の権力が移っていったことも背景にはある。これを推進したのは小沢一郎だった。

橋本、小沢という田中・竹下派の2人が実現した制度を、敵対した福田・安倍派の小泉、安倍晋三の2人が上手に操ったところに政治力学のあやがある。

行革のほかの改革では、財政構造改革は法律を制定、98年度から3年間を集中改革期間として歳出の改革と縮減は聖域なしとしたが、次の小渕恵三内閣で法律を停止した。北海道拓殖銀行、山一証券の破たんと金融システムがゆらぎ、日本経済が長期デフレに入っていくときだった。経済情勢の読みが誤っていた。

社会保障制度改革は介護保険制度の創設につながった。金融システム改革はそれまでの護送船団方式をあらためため、東京をニューヨーク、ロンドン並みの自由で開かれた金融市場にするのが目的だった。経済構造改革や教育改革は看板をかかげただけだった。

橋本政権の第2の特徴は、北と南で懸案解決に向けて取り組み、外交を前に進めたことだ。北=北方領土問題、南=沖縄の米軍基地問題である。北方領土返還交渉はあと一歩のところまでいき、基地問題の象徴的な存在だった米軍普天間飛行場の返還合意にこぎつけた。

まず北の話から。歯舞・色丹・国後・択捉の北方4島。北方領土が日本にいちばん近づいたのがこのときだった。

橋本龍太郎はボリス・エリツィン大統領との間で「ボリス・リュウ」の個人的に親密な関係をつくった。

1997年11月、クラスノヤルスク市内を流れるエニセイ川の船上で行われた首脳会談では「2000年までに領土問題を解決し、平和条約を締結することを目指す」という内容のクラスノヤルスク合意ができた。2000年を言い出したのはエリツィンの方だったと橋本は明かしている。

それを踏まえて98年4月18、19の両日、静岡県伊東市の川奈ホテルで開いた日ロ首脳会談。会談に同席した丹波實・元外務審議官が寄せた橋本の追悼文（『61人が書き残す政治家橋本龍太郎』文藝春秋企画出版部・2012年／294〜295頁）によると、橋本は会談の前々日の16日、官邸の首相執務室で丹波と2人だけで1時間ぐらい議論して決めた「川奈提案」をエリツィンにぶっつけた。

――もしロシアが日本とロシアの国境線を択捉島とウルップ島の中間にあるということを「平和条約の中で」書くのであれば、別途合意するまでの当分の間、ロシアによる四島の治世を認める――

エリツィンは絶大な興味を示し「インチェレスノ」（ロシア語で面白いの意）を二度繰り返

し、乗りかからんばかりだった。同席していたヤストロ補佐官が「これはゴンコン（香港）方式だ。モスクワに持って帰ると答えてください」と必死で大統領をおさえた。

4島の国境線を画定しさえすれば返還は棚上げしてもいいという妥協案だった。首脳間ではほとんど合意寸前までいっていた。ところがこのあと7月の参院選で自民党は敗北、橋本は退陣に追い込まれた。エリツィンも体調の不良から政権末期の様相を呈し、翌99年には辞任した。政権の混乱がまねいた不幸な結末だった。

北とは逆の展開となったのが南の話だ。米軍普天間基地の返還合意である。95年9月の米兵による少女暴行事件がきっかけだった。沖縄の反基地感情に火がついた。村山富市内閣から橋本内閣に受け継がれた懸案だった。

『橋本龍太郎外交回顧録』（岩波書店2013年／63頁以下）によると、1月11日に首相に就任した橋本はすぐさま沖縄県の大田昌秀知事に会った。大田はそこで「普天間の話を非常に熱心にされた」ため、橋本は2月23日にサンタモニカでクリントン米大統領との首脳会談をする際、普天間飛行場の返還を持ち出そうと思うがどうかと外務、防衛両省庁の幹部にただした。

田中均北米局審議官は「普天間基地は海兵隊の有事対応のための中核基地であり、返還は日本の安全保障上極めて難しいと思います。ましてや総理大臣が米大統領との会談で何の根回しなく突然持ちだすことは日米の信頼関係にもとることになると思います」と反対した（『61人が書き残す政治家橋本龍太郎』269頁）。

秋山昌廣防衛局長も「総理の口からクリントン大統領に要請しないでください。返還は事実上困難と思いますので」と求めた（同263頁）。

ところが沖縄県知事を囲む会をやっていた秩父セメントの諸井虔会長が「普天間」という言葉が出るだけで沖縄の世論は変わると橋本に伝えた。橋本は持ち出すかどうか迷いながらサンタモニカでの首脳会談に入った。

会談がひと区切りついたところでクリントンが「もっとあるんじゃあないか。ある問題がもし残っているのなら、遠慮しないで出せよ」と促した。そこで橋本は「現地から出てきた問題、それは普天間基地の返還という問題がある。軍事的にみて簡単な問題でないことは私もわかっている。こういう声が現地にあることを今日は紹介するに止めたい。そしてそのことをあなたに伝えたことを記者会見で言わせてもらいたい」と応じた。

それからちょっとたって、田中北米局審議官が休みの日に公邸に訪ねてきた。

田中「県内移設が前提だったら、返す可能性があるかもしれません。押してみてもいいですか。どうしましょうか」

橋本「押してくれ」

田中はカートキャンベル（のちに国務次官補）らとの間で秘密の会合を重ね、日米合意に達した。４月17日のクリントン来日に先立ち、日米間の外務・防衛閣僚会合の２プラス２で来日するペリー国防長官と橋本の間で発表されるはずだった。12日の日本経済新聞朝刊が特報したため、同日夜、橋本とモンデール駐日米大使が共同記者会見して発表した。

記者会見に先立って橋本は執務室から中曽根康弘元首相に普天間返還合意を説明し、大田知事にも電話した。橋本の目にはうっすら涙が浮かんでいた（古川貞二郎『私の履歴書』日本経済新聞出版社２０１５年・91～92頁）。

橋本によると、大田知事との電話は途中でモンデール大使に代わり、大使は「県内移設を前提として」と繰り返しきちんと言っていて、知事がそれに対しても否定せずに「ありがとう」という返事をしていたことだけは事実だという（『橋本龍太郎外交回顧録』71頁）。

しかし残念なことにそれから20年以上たっても返還は実現していない。とくに鳩山由紀夫首相の「最低でも県外」発言が積み上げてきたもののすべてをぶち壊した。鳩山は戦後最低の首相の烙印をおされるに違いない。

橋本政権の第３の特徴は、「秘書官政治」といわれたように官僚主導の政治にならざるをえなかったことだ。橋本行革は官僚主導から転換、内閣主導をめざすものだったが、それを実現するためには官僚主導でやるしかなかったというのは何とも皮肉な話だった。

首相にはそれぞれ独特の政治スタイルがあるものだが、橋本の場合、各省庁から出てきた首相秘書官を重用した「秘書官政治」と評された。

旧首相官邸の首相執務室に行くには、隣の秘書官室を通り抜けていかなければならない。そこには政務担当の首席秘書官、警察、外務、大蔵、通産出身の5人の秘書官の机が並んでいる。来客はその部屋のわきを抜けていくわけで、秘書官は部屋にいることで首相執務室への出入りをチェックできる。各省庁にしても経済界や各種団体にしても、首相の来客すべての応対には5人の秘書官のうち、担当のだれかが同席するのが一般的だ。

橋本官邸では、首相執務室と秘書官室の間のドアがいつも開け放たれていた。当然、秘書官に中の様子は分かるし、直接の担当でなくても関係があると判断すれば、陪席も許された。

政治家の場合、秘書官は同席せずドアを閉めるのが普通だが、橋本官邸はそうではなかった。2人だけの会談を好む政治家からは、いい顔をされなかった。ある閣僚は「執務室を訪ねたら断りもなく、秘書官が会談に同席したので驚いた」と語ったものだ。秘書官が入り口に近いところで、折り畳み椅子にかけて話を聞いていたからだ。

秘書官の中で、特異な存在だったのが政務担当の江田憲司秘書官（現・衆院議員）である。一般に政務担当の首席秘書官は、腹心中の腹心として長年つき合ってきた個人事務所のベテラン秘書や親族がなるケースが多いが、江田秘書官は79年通産省入省で、橋本首相が通産相のときに秘書官として仕え、同省を辞めて首相秘書官になった。橋本首相の選挙区と同じ岡山出身だった。

政界に側近がいない橋本首相は江田秘書官を自民党執行部とのパイプ役としても使った。当時の鈴木宗男副幹事長―野中広務幹事長代理―加藤紘一幹事長らがその相手方だった。

政策面では、橋本が掲げた行政、財政構造、金融制度、社会保障、経済構造、教育の「六大改革」のシナリオを書いた中心には秘書官グループがいた。江田のほか大蔵省出身の坂篤郎秘書官（70年入省）も中心的な役割を担った。

官僚を操っているようで、結局、官僚に操られる――。秘書官は首相をみながら、その向こうに親元の役所をみている。ときには首相をみているような顔をして、実は親元しかみえていないことさえある。秘書官が首相の政策判断を左右するとき、どうしても官僚主導になり、政権には危うさがつきまとうものだ。橋本もある意味でその罠《わな》に、はまった。

なぜ橋本政権はおわったのか

『「改革NO」の声につぶされた政権』だったといえるだろう。日経ビジネス98年12月21日・28日合併号の記事だ。今日からみるとやや違和感のある部分があるかもしれないが、あえてそのまま拙稿を転載したい。

いつもそうだが、政権が倒れるときには、いくつかの理由がある。時代に促されて登場した政権はまた、時代に追い出されるように退場していくものである。7月の参院選で不信任を突きつけられた橋本政権。掲げた目標はたしかに間違ってはいなかった。だが、状況を読み誤り、戦略にも欠けていた。橋本政権はなぜ立ち行かなくなったのか。失敗の理由を探った。

橋本政権のキーワードは「世論」だった。常に世論を意識しながら、世論をつっかい棒に政権を維持したからだ。政権のよって立つ基盤は、それまでの自民党政権のように永田町の中にはなかった。永田町の外の支持を頼みとする政権が、永田町の外から見放されるとき、その役割を終えるのは当然の帰結である。参院選敗北による首相退陣はまさしくそうだった。世論で生まれ世論で消えていく——橋本政権を一言で言ってしまえばそういうことになるだろう。

それには、まず橋本政権ができるまでの経緯を簡単に振り返ってみる必要がある。自民党は93年７月の衆院選で敗北、非自民の細川連立内閣が誕生した。野党に転落した自民党が水と油と言われた社会党の委員長を首相に押し立てて与党に復帰したのが94年６月。自社さ連立の村山政権だった。細川政権が政治改革を実現することを目的とした政権だったとすれば、村山政権は自民党が政権復帰のためにつくった政権だった。

やっとの思いで与党に復帰した自民党にとって死活問題だったのが、はじめての小選挙区選挙となる次の衆院選だった。そのとき、だれを党の顔にして選挙を戦うのか。つまり世論の支持を集められる党首はだれか。その切り札が橋本龍太郎総裁だった。95年９月のことである。96年10月の初の小選挙区選挙に先立つこと1年である。

派閥の領袖ではなく、政界の一匹狼的な存在。危機に直面した自民党が、派閥の論理ではなく、世間体つまり世論を気にして誕生させた総裁だった。世論調査では常に「次の首相候補」のナンバーワン。永田町の外では絶大な人気を誇った。

95年の年明け早々、村山富市首相が政権を投げ出し、通産相だった橋本総裁に首相の座が転がり込んでくる。政権党に戻った自民党。橋本政権は選挙で勝つことを義務づけられていた。選挙に勝つための政権。それには世論をいかに引きつけるかが最大のポイントだった。

改革の旗を掲げたのはそのためである。小沢一郎氏らによって自民党に貼られた「守旧派」のレッテル。これをはがし、世論の支持を集めるには、改革の旗印のもとに走らなければならない。旗の争奪戦である。中央省庁の再編を柱とする行政改革からはじまって、次から次へと打ち出した改革とは政治的にはそうした意味合いのものだった。

行政改革、財政構造改革、金融制度改革（金融ビッグバン）、経済構造改革、社会保障制度改革、教育改革――これが橋本内閣の「6大改革」である。だれもが取り組まなければならないと思い、その方向性において異論のない政策課題を橋本政権は提示したわけだ。

たしかに戦後50年をへて、この国の経済社会システムそのものにさまざまな問題が生じている。世界的な大競争時代を生き抜くにはどうするか。21世紀に向けて、この国を変えていかなければならない。その通りである。しかし、それをやるにはそれ相応の体制や戦略が必要なことは言うまでもない。そうした準備が橋本政権にあったのだろうか。そこが問題である。世論を意識し、旗を立てても、それを実行する政治的な基盤や体制がなければば、空回りに終わる。不幸なことに橋本政権にはそれがなかったのではなかろうか。３つの理由が挙げられるだろう。

【その１　ひとりぼっちの宰相・だれも支えようとしなかった】「自民党内でだれ一人として本気で橋本政権を支えようとする人間がいなかった」――退陣が決まった直後、橋本首相側近は悔し涙を流した。孤立無援、孤軍奮闘……これほどまでも、と政界がびっくりしたのが首相の孤独ぶりだった。

政権を取り、政権を維持していくには「７人の侍」がいると言われる。佐藤派には「５奉行」、竹下派にも「７奉行」と呼ばれる派閥の幹部がいた。首相の意を受けながら、政局の仕掛けをし、政策も動かしていく政治家の存在である。政権を支え、ときには首相に代わって憎まれ役や汚れ役をつとめる側近が必要だということだ。橋本政権にそうした存在はいなかった。子分を作らず、徒党を組まない。カネで取り込んだりもしない。橋本首相は孤高の人である。

しかし、手足なしには政権は維持できない。そこで出てきたのが「秘書官政治」である。首相秘書官には政務担当と、警察・外務・大蔵・通産の４省庁出身の事務担当の計５人がいる。その中でとりわけ大きな影響力を持ったのが江田憲司秘書官だった。79年通産省入省だが、政務担当として、森蘭丸とも「お庭番」とも呼ばれる特異な存在で、毀誉褒貶、相半ばした。

　問題は政治家の生の情報が首相に入らなかったことだ。官邸の首相のもとに会いに来る政治家は極端に少なく、ぶらりと訪ねることなどまずなかった。首相就任直後のころ、出身母体の小渕派の議員に首相のもとを訪れるよう指示が出て、実際に行ってみると「ところで、何の用かね」と首相に問いただされ、閉口した中堅・若手もいたほどだ。橋本官邸の敷居は高いこと、このうえもなかった。

「経済の実態にしても、政治家との対話があれば、選挙区の生々しい話が入ってきて、首相の景気認識がずれることもなかったのではないか」——こんな風に漏らす自民党幹部さえいる。

【その2　組織的サボタージュ・味方が距離を置いた】 世論の支持を得るために取り組まざるを得なかった行革だが、政権維持では痛しかゆしだった。政権基盤に打ち返してきたからだ。永田町に基盤のない首相が頼りにし、シンクタンクとして使おうとしたのは霞が関の各省庁だった。行革はそこをたたいた。

　政界で官僚組織にもっとも精通した政治家が橋本首相である。官僚組織を使いこなすことで政権を運営していくシナリオが狂ったわけだ。本来、味方になってくれるはずの官僚が行革による「官僚たたき」で政権に距離を置いた。

ある省庁の幹部が「省庁再編でとても政策どころではない。組織をいかに守るかが最優先だ」と語ったように、お家の大事で橋本政権とお付き合いしている余裕などないというのが霞が関の本音だった。

手足になるべき「官」が組織防衛に走り、それでなくてもおかしくなっていた行政の機能低下に輪をかけた。スキャンダルに端を発した官への批判で、「政」の役割が増大したことも、官の操縦にはたけているものの、政の扱いはうまくない首相には不幸だった。

「金融と建設という自民党の支持基盤に打撃を与える改革をしようとしたのだから、選挙に響くのは当然だ」――加藤紘一前幹事長の参院選敗北についての総括である。金融ビッグバンで揺らぐ金融機関、財政構造改革による公共事業の抑制で影響を受ける建設業界。橋本政権が進めようとした改革とは、カネと票を持った自民党の支持基盤をいや応なく揺さぶるものでもあった。

【その３　一内閣六仕事・あれもこれもやろうとした】　橋本内閣の６大改革について「兵たん線が延び切っている」と心配したのは中曽根康弘元首相だった。安保の岸内閣、高度成長の池田内閣、沖縄返還の佐藤内閣、国鉄改革の中曽根内閣、消費税の竹下内閣といった具合に「一内閣一仕事」というのが、これまでの自民党政権だった。

バブル崩壊後の日本経済を立て直し、米ソ冷戦後のグローバル経済に対応できるシステムをつくるには6大改革を進めるしかないという首相の認識に間違いはなかったとしても、それをやるには永田町や霞が関をどう押さえ込んでいくかの周到な戦略と準備がなければならない。あるときはそろりそろりと、またあるときは一気呵成に――。それをやり遂げるのが政治的な技である。いずれをとっても本気で取り組めば内閣が吹き飛ぶぐらいのテーマだった6大改革。間口を広げすぎた結果、収拾がつかなくなった面がある。

特に財政構造改革は完全な失敗だった。97年11月に成立した財政構造改革法が足かせとなり、経済政策の機動性を失わせた。特別減税も、景気対策も、タイミングがずれてしまった。「アクセルとブレーキを一緒に踏んでいる」とまで言われたものだ。ついに小渕内閣になってすぐの98年12月の臨時国会で、財政構造改革法は凍結されてしまった。

金融不安とビッグバンが重なったのは不運としか言いようがないにしても、官に頼る情報収集に問題があった点は否定できない。不良債権の処理ができていないままにビッグバンの風に乗ったことが97年11月の北海道拓殖銀行、山一証券の経営破たんにつながり、金融機関の貸し渋りを含めた信用収縮が日本経済をさらに低迷のふちに追い込んだ。

何でもかんでもやろうとして、結局、何もできなかったというと酷かもしれないが、橋本内閣の失敗は改革の難しさを示して余りある。


ブーメランのような政権だった。世論を意識して投げた改革のつぶてがぐるっと回ってきて、自分にあたってダウンする――。派閥のトップでもなく、党内基盤があるわけでもない橋本首相に期待されたのは世論の支持であり、選挙用の党の看板だった。参院選で敗れれば、もはや使えない顔となり、それがつぶてとなって返ってきて、退場を促された。

世論で生まれ、世論の支持を得るために6本も改革の旗を立て、その結果、身動きが取れなくなって、ついには世論の支持も失った。政権の運命とはそんなものなのだろう。

第6章

小渕政権・森政権とは何だったのか

——橋本政権から小泉政権へのつなぎの踊り場の政権だった

小渕恵三政権は、98年の参院選で敗北し退陣した橋本龍太郎首相がやり残した課題の処理やそのツケを払うのに腐心することになった。森喜朗政権は有権者の支持を失っていくことで、結果として次の小泉純一郎政権を準備する役回りを演じた。小渕、森両政権とも独自に何かをしたというよりも、前からのつなぎであり、また次へのつなぎとなる政治の踊り場のような存在だった。

橋本から小渕へ

「恵ちゃん、ぼくに何かあったときにどうするんだい」――。

1996年10月20日投開票の衆院選で、小沢一郎が率いる新進党を下した橋本自民党。さっそく第2次橋本龍太郎内閣の新体制に向けて人事がはじまった。そのとき浮かんできたのが小渕恵三衆院議長構想だった。議長は国会議員としてあがりのポスト。一時意欲をみせた小渕に待ったをかけたのが橋本のこの言葉だった。

98年7月12日投票の参院選はまさにこの橋本の予言通りだった。自民党の獲得議席は44議席。改選前議席の61議席を大きく下回った。89年の36議席につぐ惨敗だった。

橋本から小渕へ。その流れは投票がまだつづいている12日の午後2時すぎからはじまっていた。小渕派事務総長の西田司が東京・代沢の竹下登邸に呼ばれた。午後4時すぎには官房長官の村岡兼造も竹下邸に合流した。報道各社の出口調査で自民苦戦の情報が入っていたためだ。

橋本は開票がまだおわっていない深夜に退陣を表明した。そのとき野中広務ら竹下側近は「小渕擁立」で動き出していた。すぐさま小渕派の幹部会はその方向を確認した。ところが想定外のできごとがおこる。小渕擁立で了解していたとみられた同派幹部の1人である梶山静六が総裁選に名乗りをあげたからだ。

小渕恵三

小渕と梶山と小泉純一郎の3人が立候補した。「凡人と軍人と変人の争い」と田中真紀子が巧みに表現したのがこのときの総裁選である。小渕が圧勝した。

テレポリティクスの時代である。3人が出演したテレビ局では各番組がテレゴングとよばれる電話投票システムで人気投票をしたが、小渕は決まって最下位だった。内閣支持率も低い水準からスタートした。

小渕政権とは何だったのか

今日につづく自公連立の起点がここにあることは第1

に指摘しておかなければならない。参院選での自民党惨敗により与野党が逆転し閣僚の問責決議が可決、そこから自自連立、そしてその先の自自公連立へとつながった。新たな政権の枠組みがここからはじまることになる。

98年の参院選での自民党の敗北、橋本龍太郎首相の退陣は、実は予想外の展開だった。報道各社による選挙の事前予測では自民党が大きく議席を減らすとは思われていなかった。

7月12日（日）の投票日を前に、7日（火）付の朝刊で各紙が報じた内容は、改選数61の自民党はまずその程度は確保できそうだというものだった。ところがふたを開けてみると当選者数は44。17議席も減らす惨敗だった。予測調査は投票日の前の週末で、わずか1週間で変わってしまった。

前年97年の山一証券・北海道拓殖銀行の破たんなど橋本内閣の経済失政に対し、無党派層が投票所に足を運んだためというのが一般的な解説だが、テレビの影響も見逃せない。

民放のテレビ番組に出演した橋本が争点に浮上していた恒久減税について「私は恒久的な税制改革をやるといっているのであって、恒久減税をやるとはいっていない」と述べたかと思うと、数日後には、こんどは恒久的減税ではなく恒久減税を実施すると明言したりと発言が迷走。これが「橋本離れ」に拍車をかけたともみられている。

小渕にとっては参院の勢力が非改選58を加えて計102で、定数252の過半数127を下回るところからの出発になった。橋本内閣発足時のような社民党・新党さきがけとの連立はすでに解消していた。

「悲劇」は臨時国会の最終日の10月16日にやってきた。防衛庁の調達業務の不正事件があり、参院本会議に額賀福志郎防衛庁長官の問責決議案が提出された。これがあっけなく可決されたのだ。参院で不信任された閣僚が参院で答弁に立つことは認められないという理屈から額賀が防衛庁長官をつづけることは無理と判断された。額賀は小渕恵三首相に辞表を提出した。

政権にとっては一大事である。参院で次から次へと問責決議を可決されたら内閣そのものがもたなくなる。まして小渕に対する首相問責決議案が提出され、可決されたら政権は一巻の終わりだ。

選挙結果から想定されていたことではあった。参院選直後から連立の可能性をさぐる水面下の動きがあった。

『野中広務回顧録』（岩波書店2012年・265～267頁）によると、7月30日に小渕内閣が発足して官房長官に就いていた野中は8月15日に加藤紘一前幹事長、古賀誠国会対策委員長と「公明党に連立を頼む以外にないいな」と話をした。

公明党に打診したところ「昨日まで敵《かたき》のようにやってきた――やっぱり真ん中に座布団を置いてほしい」という答えだった、という。そこで自由党に話をしなければならないと8月24日ごろ、亀井静香のセットで高輪プリンスホテルで小沢一郎自由党党首と会う。

「小沢党首をいままで悪魔と言ってきたけれど、悪魔にひれ伏してでも、この国の危機を救うために連立に参加していただきたい」と野中が記者会見で語ったのは、このときのことだ。

小渕―小沢の党首会談で自自連立が合意されたのは11月。自由党から入閣して自自連立政権ができたのは翌99年1月だった。公明党が自自連立に参加し自自公連立政権がスタートするのはその年99年の10月まで待たなければならなかった。ここに衆院で三分の二をこえる巨大与党が誕生した。

第2は、97年11月、橋本内閣での山一・拓銀破たんからはじまった日本経済の混乱を、金融再生法など民主党の案を丸のみして成立させ、長銀の一時国有化などで金融危機を回避したことである。

政権発足から20日ほどたった8月20日夜。首相公邸の小渕のもとに住友信託銀行の高橋温社長が呼ばれた。そこには宮沢喜一蔵相、野中広務官房長官、日野正晴金融監督庁長官がいた。経営危機が迫っていた日本長期信用銀行との合併を検討するよう促すためだった。高橋は慎重な姿勢をくずさなかった。長銀を存続させるシナリオが消えた。

「金融国会」といわれた臨時国会では金融再生関連法案の審議が焦点だった。衆参ねじれのもと、小渕は野党案の丸のみを決断した。野党案は破たんした金融機関は原則として清算するが、金融システムに重大な影響を及ぼすものは一時的に国有化する内容だった。長銀はその枠組みで処理された。

そのときに話題になったのが民主党代表だった菅直人の「政局にしない」発言だ。「このまま行くと日本発の金融恐慌が起こる可能性があると思っていたので、野党の法案を丸のみするなら、それをけしからんとは言いませんよという意味」の発言だったと菅自身が解説している（『菅直人　市民運動から政治闘争へ』朝日新聞出版２００８年・１７７頁）。

しかし小沢はこれにより野党が政権を獲得するチャンスをむざむざ逃したとみて、自民党との連立に走ったとされるから政治の転がり方はラグビーボールのようにどちらに向かうかわからないものだ。

金融再生法の処理をめぐって登場したのが「政策新人類」とよばれた与野党の若手議員たちだ。55年体制下では官僚がゆだねていたものを国会議員同士で議論して修正協議をまとめていった。自民党の石原伸晃、塩崎恭久、民主党の仙谷由人、枝野幸男といった面々で、政局から政策への時代の変わり目を示すできごとだった。

首相経験者の宮沢を三顧の礼で蔵相に迎え入れ、経済再生を目標にかかげた小渕内閣。98年11月、公明党が求めた地域振興券の支給も盛り込んだ緊急経済対策をまとめるなど、不況脱出へなりふり構わず取り組み姿勢を示した。当時、どうみられていたのか、98年11月20日付の日経朝刊1面の記事を紹介しよう。

先行した「政権の論理」　再生へ道筋、連立の責務

政治が権力をつかみ、維持していく技法だとすれば、政権維持の道具として政策を使うのはやむを得ないことだ。自自連立にしても首をひねる話ではない。しかし、このままではこの国は沈んでしまうかもしれないとみんなが心配しているときに、経済的合理性を横に置いて政治的合理性にばかり目を向けた政策を繰り広げていれば、どうなるか。政権維持への努力は、政権交代への努力にほかならない、という逆説が成り立つかもしれない。

まず政治的合理性の面から考えてみよう。先の金融国会でドタバタ劇を演じた自民党。金融再生関連法、金融早期健全化法、旧国鉄長期債務処理法をめぐり、自民党は民主、公明、自由の野党各党と順列組み合わせさながらに連携した。

七月の参院選で大敗を喫し、百四議席と過半数の百二十七議席を大幅に下回った結果である。衆院では過半数を確保しているから問題はないものの、参院に回ったとき野党の一部を取り込まないと法案は成立しない。政策ごとの部分連合と言えば聞こえはいいが、要するに場当たりである。それでは、にっちもさっちもいかないことを自民党は骨身にしみて学んだ。

だから、どこかの政党と組むしかないというわけだ。九八年度第三次補正予算案と関連法案を成立させるためにはどうするか。その答えが、参院で二十四議席を占めキャスチングボートを握る公明党との連携である。

野党の反対で関連法案を成立させられず、補正予算を執行できないとなれば経済再生内閣は立ち往生する。公明党の政策を取り込んで、協力を得ることは政治的には合理的な判断だ。

自自連立も同様である。来年一月召集の通常国会での九九年度予算案と関連法案の処理を考えた場合、公明党の保険が年内しかきかないとすれば、政権維持のためのパートナーを探さなければならない。

自自で予算編成を一緒にやり、連立政権をつくってその協力関係を軸に参院でも過半数を確保できれば、政権はとりあえず予算成立まで持ちこたえる。かつて〝悪魔〟と呼んだ自由党の小沢一郎党首を、野中広務官房長官が「ひれ伏しても」と言って誘ったのは、権力政治家として決しておかしなことではない。

ただ、連携するときには大義名分が必要になる。単なる野合でないことを示さなければならない。当面の最大の課題である経済政策がそこに絡んでしまったところに今回の不幸がある。

政府・自民党がのんだ公明党の商品券構想は、経済的合理性からは「天下の愚策」と酷評され、ヘリコプターからお札をばらまいた方がよほど理にかなっているとまで言われる始末だ。

自民党にすれば、支給総額七千億円、必要経費を含め八千億円の商品券は国会対策費そのものである。年内いっぱいの政権維持のコストとすれば一日当たり約百六十億円。安いものということだろうか。

消費税問題も税率はいじらずに福祉目的税とすることで自由党と折り合いがつけば、自民党として痛くもかゆくもないということかもしれないが、税率の扱いが今後、どうなるか。政策論議ではなく政権論議とみておいた方がいい。

もちろん、権力をめぐる闘争に政治が明け暮れていていいということではない。政治に直接、景気を良くすることはできないとしても、きっかけとなるいくつかはできるはずだ。ひとつは景気の「気」を良くすることである。景気回復への具体的プログラムを明らかにし、少しでも将来への不安を解消する。その昔の月給二倍論のような夢を与えることはできないにしても、あしたという日が明るい日であることを示すのは政治の責務だろう。

もうひとつできることは配分の問題だ。カネの使い道をはっきりさせること、つまり政権として何をしようとしているかを明示することである。それには総額と並んで中身の議論も必要だ。今回、具体的な方針が示された形跡はない。

「小さな政府」の論議もすっかり忘れ去られたかのようだ。減税しても、政府が小さくならない限り、将来、増税となってはね返ってくると思えば、貯蓄に回り減税効果は小さくなってしまうのではないか。

戦後最悪の不況から脱却するためには「何でもあり」だという。しかし、減税法案の国会提出は先送りするなど、一体どこをみて、何をやろうとしているのか。自自連立にしても、はじめに政治の思惑ありきで、具体的にどんな政策をやっていくかはこれからだ。政治の論理を優先させる先に何が出てくるのか。連鎖不況は経済だけでない。

したたかな「人柄政治」

小渕首相の政治手法の特徴についても付記しておきたい。それは「人柄政治」といっていいだろう。人間的にいい人だと思わせることで有権者の支持を得ようとして成功したからだ。政権発足後の内閣支持率がピークで徐々に落ちていくのが通常のパターンだが、小渕内閣は逆で、極めて異例だった。

日本経済新聞の調査によると、政権スタート時は25％と低空飛行で、金融国会がごたついた98年10月には17％とほとんど失速寸前だった。そのあと、じわじわと支持率がアップし、40％台を維持するなど政権安定ラインに乗った。

そこには福田赳夫、中曽根康弘という2人の首相をうんだ旧衆院群馬3区で「ビルの谷間のラーメン屋」と自嘲しながら生き残ってきた政治家のしたたかさがあった。

マイナスイメージを逆手にとるのがこれほどうまい政治家はまれだ。まして首相としてはまずほかにはいない。「凡人宰相」「冷めたピザ」「真空総理」「ボキャ貧」――こうした冷笑ともいえる評価をすべて自らに引き寄せて、それを自分の口から語ることでむしろ有権者に親しみと懐のふかさを印象づけた。

「ブッチホン」とよばれた電話も話題を提供した。自ら受話器をとり、直接いろんな人に電話した。ただそれは気さくな人柄、気配り・目配りだけではなかった。

官房副長官をつとめていた古川貞二郎『私の履歴書』（日本経済新聞出版社2015年／100頁）にこんなくだりがある。

「小渕さんは総理執務室からこまめにいわゆる『ブッチホン』をかけていた。某有名評論家が雑誌に小渕さんを冷評した記事を載せた際、秘書官にその評論家に電話するよう指示した。電話口に出た相手に小渕さんは朗らかな声で『もーしもし、総理の小渕です。いやあ、いい記事を書いてくれてありがとう』。電話を切ると、小渕さんは厳しい表情で『これでもう俺の悪口は書かない』と言い切った。小渕さんは人柄の良さでは定評があったが、人柄の良さだけでは総理になれない。温厚な小渕さんの憶測に秘めた気迫、粘り、負けん気の強さを垣間見た思いがした」

そして運命のときがやってきた。2000年4月1日。小渕は午後6時から公明党の神崎武法代表と自由党の小沢との党首会談にのぞんだ。ひきつづき小渕と小沢の2人だけで会談した。

その直後の様子を当時幹事長だった森喜朗は次のように振りかえっている（『私の履歴書 森喜朗回顧録』日本経済新聞出版社2013年・208〜209頁）。

「小沢さんとの長時間の会談後、私が首相執務室に入ると小渕さんは疲れ切った表情で元気がなかった。

『(自由党と自民党の合併提案は) 断ったよ』

『そうですか。それはよかったですね』

『これから記者団とぶら下がりがある。幹事長も立ち会ってくれ』」

午後8時前、小渕は記者団のインタビューに応じて、自由党との連立に終止符がうたれたことを明らかにするのだが、マイクに向かった小渕の口からことばが出ない。「…………」。長い沈黙の時間が流れた。

以下が森の回顧談である。

「小渕さんの言葉が詰まるので隣にいた私も『おかしいな』と感じた。小渕さんはこの後、自民党の役員に会談内容を報告する予定になっていたが、『きょうは疲れたので公邸に帰るよ。みんなによろしく伝えてくれ』と言った。私は『ゆっくり休んでください。党の方には私が報告しますから』と応じた。小渕さんは公邸に向かう廊下をとぼとぼと歩き、私はその後ろ姿を見送った。これが学生時代から親しくしていた私と小渕さんの今生の別れになった」

それから数時間後、小渕は千鶴子夫人に体調の不良を訴えた。救急車は呼ばずに車で東京・

本郷の順天堂医院に入院した。2日未明のことだった。2日夕方には容体が悪化、意識不明におちいる。3日午前の臨時閣議で官房長官だった青木幹雄が首相臨時代理になった。4日には小渕内閣の総辞職を発表した。それから1カ月半後の5月14日、小渕は不帰の人となった。死因は脳梗塞。享年62歳だった。

批判まねいた「5人組」の密室協議

2000年4月2日、小渕恵三首相が緊急入院したその日の夜、東京・赤坂プリンスホテルに集まった5人の面々がいた。森喜朗幹事長、亀井静香政調会長、村上正邦参院議員会長、野中広務幹事長代理、そして青木幹雄官房長官。

そのときどんなやりとりがあったのか、『老兵は死なず　野中広務　全回顧録』（文藝春秋2003年・156～157頁）によると――。

森　喜朗

「青木さんからそうした説明（＝小渕首相の公務復帰は困難）があり、しばらく重たい沈黙が続いた後、村上正邦さんが言った。

『森さん、あんたがやるよりしょうがないんじゃないか』

『そうだな』

亀井さんがそれに同調し、森さんの後継が決まった」

『私の履歴書　森喜朗回顧録』日本経済新聞出版社2013年・210～211頁）でもほとんどいっしょだ。

「深夜の五役会議……の場で瞬く間に『森さん、後継者はあんたしかいない』という結論になった。

野中さんは『公明党も森さんでいいと言っている』と話した。亀井静香政調会長も村上正邦参院議員会長も私を支持した。（体調が悪く欠席していた）池田行彦総務会長には電話で連絡し『私もそれで結構です』と返事があった」

これが五人組による密室での総裁選びとして批判を浴びることになる。

森は別のインタビューで次のように、これに反論している（『森喜朗　自民党と政権交代』朝日新聞社2007年・226頁）。

「5人の集まりでの合意は執行部として次期総裁候補に私を推薦するということです。次期総裁を両院議員総会にかけるときは、他の人も立候補できるわけです。だから、密室ですべて決めたわけじゃあない。……加藤紘一さんが出るなら手を挙げればよかったんですよ。……自らは手を挙げないで『森でいい』と言ったんだから」

森内閣は全閣僚を再任し、「居ぬき」で小渕内閣をそっくりそのまま継承した。1964年、東京オリンピックの閉会を待って退陣した池田勇人を引き継いだ佐藤栄作でさえ官房長官は入れ替えて内閣を発足させており、森内閣はさながら第二次小渕内閣だった。

総裁派閥だった小渕派にすれば、いかに権力が移動しないようにするかが至上命題だった。内閣の青木官房長官、党は森の後任の幹事長には野中と、ともに小渕派で権力の軸をおさえたわけだ。村上・亀井派も、参院と政調会をおさえ権力の一翼を担っている以上、ここを手放すわけにはいかない。森派、小渕派、村上・亀井派の三派の自己都合による連合政権ができあがった。

それはポスト小渕の有力候補とみなされていた加藤紘一元幹事長が出てくるのを阻止するものでもあった。それが2000年11月の「加藤の乱」に発展していく。それはこの次の話だ。ただ形式的にも総裁選を実施しておらず、森政権はどこまで行っても5人組の密室協議で生まれたとの批判がついて回った。政権の正統性に問題があるとみられてしまった。

失言で墓穴を掘る

森喜朗という政治家はきわめてサービス精神に富んでいる。座談をすればこれほど面白い人はいない。同席者の気持ちを忖度し、居合わせた人を決してあきさせることがない。皮肉なもので、それが命取りになった。

問題発言のかずかずは、集まった人にあわせ、率直な言い回しや表現で、その場の雰囲気をもりあげようとする中から飛び出した。

2000年5月の「神の国発言」。綿貫民輔が会長をつとめる神道政治連盟の国会議員懇談会の30周年祝賀会でのものだった。

「懇談会は昭和の日の制定や先帝陛下60年の即位の式典とか、政府側が若干及び腰になるようなことを前面に出して、日本の国は、まさに天皇を中心にしている神の国である、ということを国民の皆さんにしっかりと承知していただく、その思いで活動して30年になった」

神主でもある綿貫会長を持ち上げるねらいがあった。しかし、「国民主権や政教分離に反するのではないか」「誤解を招くような発言は慎むべきだ」などと厳しい批判をあびて、釈明の記者会見までした。

森は発言の真意について「出席している神主さんたちに多少のおべんちゃらを言うのは当たり前でしょう。僕はあのとき、命がいかに大事かということを教えなきゃいけないということを言ったんです。今の世の中、平気で親を殺し、子供を殺す事件が相次いでいるが、それは宗教教育がなされてないからだというのが言いたかったことだ」と説明している（『森喜朗　自民党と政権交代』朝日新聞社2007年・234頁）。

その直後の6月2日に衆院が解散され、翌3日には遊説先の奈良市内での講演で「国体発言」が飛び出した。

「民主党は共産党と組むのか。共産党は天皇制を受け入れないし、自衛隊は解散、日米安保も確認しない。そういう政党とどうやって日本の国体を守るのか」

「神の国」発言につづくもので、復古主義的な傾向が批判され、内閣支持率が一気に低下、森離れが加速した。

衆院選を前にした問題発言の第三弾は「無党派は寝ていてくれればいい」という発言だ。6月25日の投票日を前にした20日、遊説先の新潟市内の演説で、報道各社の事前の調査で与党が安定多数を確保する勢いであると報じたことにふれて、次のように述べた。

「無党派といわれる人たちの判断が最後は選挙を決める。自民党が強い、というと、判官びいきみたいなこともある。まだ決めていないという人が40%ぐらいいる。そのまま『関心がない』といって、寝てしまってくれれば、それでいいんだが、やっぱりそうはいかない」

最後の「そうはいかない」という部分が切られて、テレビで繰り返し放映され、言葉が一人歩きをはじめてしまった。

森は「僕の失言だといえば失言かもしれないけれども、僕の演説は必ず反語を使っているんです。リカバリーするやり方をしているんですよ。ところがマスコミの人たちは、その部分を書かないんだ」とメディアを批判している（同）。

なぜ、ここまで問題になったのか。そもそも「5人組」が密室の談合で森総裁を後任に決めた誕生劇への批判があった。首相としての正統性の問題である。そこに、首相としての資質の問題も問われ、はられてしまった失言首相のレッテルをはがせなかったのは不幸としかいいようがない。

加藤の乱

読売新聞主筆の渡邉恒雄が主宰する政治評論家らの集まりに山里会という会がある。ホテルオークラ東京の日本料理屋「山里」で開いていたため、店の名前で呼ばれていた。政治家をゲストにオフレコで話を聞く会だ。そこに2000年11月9日夜、加藤紘一元幹事長が招かれた。

加藤は12月に想定されていた内閣改造について「森首相の手ではやらせない」と発言した。そのころ開いていた臨時国会が閉幕し、内閣改造・自民党役員人事が想定されていたが、不人気だった森首相に内閣改造をさせないというのは、首相に退陣を促す発言と受け止められた。

野党が提出を予定していた森内閣不信任決議案の採決で、加藤が率いる派閥と盟友の山崎拓の派閥のメンバーがそろって衆院本会議を欠席すれば、不信任案は成立、首相は内閣総辞職か衆院解散に追い込まれる事態に発展するからだった。

オフレコ発言ほどあっという間に政界を走る情報はない。党内に激震が走った。

加藤は翌10日「内閣不信任案の採決に欠席することもあり得る」と一歩進めて倒閣宣言。それを自らのホームページ上に掲載、メッセージを発しつづけた。ホームページへのアクセスが急増、応援メールも殺到し、数回サーバーがダウンした。ネットの声が加藤の背中を押した。ネットが政治を動かした最初の例だった。

しかし加藤が相手にしなければならなかったのはネットとは別の世界だった。国会議員という永田町の人間たちである。衆院本会議での内閣不信任案の採決とは、衆院議員の頭数の計算だ。そこが現実政治の空間だった。

野中広務幹事長らの強烈な工作で、加藤派の面々の多くが、加藤とたもとを分かち、20日の不信任案の採決で党の方針通り反対に回った。加藤は一敗地にまみれた。

涙ながらに「あなたは大将なんだから」と加藤の単独行動を押しとどめた谷垣禎一、そして涙ぐみ歯を食いしばりながら立ちつくす加藤。その姿はテレビで全国に放映された。不人気だった森に反旗を翻そうとした加藤の行動に期待が集まっただけに、その反動も大きかった。あとに残ったのは政治不信であり、政党離れだった。

加藤の乱が不発におわった翌日の2000年11月21日付、日経朝刊1面の解説記事をこの章の最後に紹介したい。

内閣不信任案否決へ、政党自壊への一歩——政争、結局コップの中

内閣不信任決議案をめぐる政治の混乱は、いったい何だったのだろうか。単に自民党内の権力闘争にとどまらない要素をはらんでいたはずなのに、加藤紘一、山崎拓両氏が土壇場で白旗をかかげ、突然、政治ドラマの幕がおりた。後に残ったのは、政治と政党への信頼の揺らぎである。

四分の三の内閣不支持、自民党を変える、政治を変える……加藤氏が訴えたのは森喜朗首相の退陣を含めた変革だった。不人気の政権が自民党内の派閥の論理で変えられない、それでは、永田町の外の力を利用して、局面を転換する――。掲げた構造改革の旗は二十一世紀を見据えながら、景気対策の重視を優先する党執行部に路線転換を迫ろうとするものだった。

背景には、自民党政治そのものへの問題提起があった。公共事業を中心に中央から地方への所得再分配で平等を追求してきたのが限界に来ていることは、自民党の国会議員なら程度の差こそあれ、だれもが感じている。では、この先どうしたらいいのか、そこが見えないのだ。

もちろん、野党提出の内閣不信任案に賛成して政権をひっくり返し、政局の転換をめざすのは、政党政治では禁じ手だ。世論の助けを借りて、政党の自浄作用を働かせようとした面があった。

しかし、加藤、山崎両氏が最終局面で旗を巻いたことで、こうしたもくろみは、すべて水泡に帰した。永田町の外に向かっての発信で、永田町の包囲網を突き崩そうとしたことが不発に終わったのである。

たしかに、政治は数である。多数の形成に敗れたからには、陣を引くのは当然かもしれないが、しょせん、コップの中の嵐《あらし》にすぎないという批判は甘んじて受けなければならない。

これで、とりあえず自民党の分裂や政界再編といった事態はなくなった。自民党は短期的には救われたということだろう。長期的に見た場合は、政党の組み替えによる二十一世紀に向けた新たな政治体制作りは、しばし遠のいたことになる。

それだけでなく、今度のドタバタ劇は有権者に、既成の政治や政党への不信を募らせる結果になるとみられる。それは自民党全体への批判となって跳ね返ってくる可能性が大きい。

長野に続いて栃木でも政党の後押しを受けた知事候補が無党派に敗れ去った。永田町のドラマを超えて、もっと大きなところで何かが変わってきている。既存の政治への不満のガスがたまり、政党への信頼が低下していることは間違いない。政党政治の危機のはずだ。

今回のゴタゴタがそうした傾向に拍車をかけるとすれば、待ち構えているのは自民党政治だけでなく、政党政治そのものの自壊ではなかろうか。

何かを期待していた有権者にはますます不満がつのる結果となった。変革か、もっと進めて破壊か。社会的な気分がつくられていった。「自民党をぶっ壊す」――。小泉純一郎という政治リーダーが登場するのはそれから半年後のことである。加藤の失敗が小泉を呼びこんだ。

第7章

小泉政権とは何だったのか

――本当に自民党をぶっ壊した政権だった

「小泉・真紀子」旋風で橋本派を圧倒

選挙を戦えるかどうか――これが党員による党首評価の最大のポイントである。２００１年夏の参院選を前に、年明けから自民党内では森喜朗首相では選挙に勝てないとの見方が急速に広がった。

政権誕生の経緯や問題発言など不人気なところに加藤の乱が不発におわり、不満のガスが充満していた。「森おろし」のうごめきがはじまっていた。とどめを刺すかたちになったのが２月の愛媛県の漁業実習船「えひめ丸」の沈没事故への対応のまずさだった。一報が入ったとき森はゴルフのプレー中で後手をふんだ。

3月10日夜、森は9月に予定される自民党総裁選を繰り上げて実施するとの考えを示すことで事実上の退陣表明をした。これを受け各派閥による総裁候補擁立の動きがはじまった。ポスト森の最右翼だった加藤紘一はすでに消えている。最大派閥の橋本派を背景に意欲をみせていた野中広務も出馬を断念、4月になって橋本派は元首相・橋本龍太郎の擁立を決めた。

その翌日の4月6日。秋田県大曲市、知事選挙の応援に訪れた小泉純一郎が応援演説で出馬表明した。今でも語り草になっている、いかにも小泉らしい内容だった。

「わたしはね、総裁選に二度立候補しているんです。二度あることは三度あるかもしれませんよ。……なーんてね。……先日も（田中）真紀子さんから電話があって『まだ決めないの？　どうして立たないの？　早く立ちなさい』と言われたんです。女性から『なぜ立たないの？』と言われると男として申し訳なくてね。秋田美人に言われると立ちたくなります」

本気なのか、冗談なのか。会場は笑いに包まれた。もちろん本気だった。

当時、人気ナンバーワンだった田中真紀子と「政界の変わり者」とされた小泉がタッグを組んだ。

小泉―真紀子連合は予想をはるかにこえる一大ブームをまきおこした。札幌、横浜、東京……重点的に都市部を選んだ街頭演説には若者、ビジネスマン、主婦と人であふれた。渋谷のハチ公前のスクランブル交差点は人で埋めつくされ、いっしょにマイクをにぎった加藤紘一は「一万人は超えていた。あんなに人が集まったのは戦後政治史で初めてではないか」と驚いた。

小泉純一郎

「自民党の派閥論理こそ、ぶっ壊さなければならないのが今回の総裁選挙なんです。私は負けを覚悟していたんです。しかし、ひょっとするとひょっとする。歴史が動くかもしれない。これなら本当に自民党を変えられるかもしれないんです」

小泉の訴えに拍手がわき「いいぞ!」「がんばれ!」「コイズミ!」の声がかかった。

141票の地方票のうち9割近い123票を獲得した。小泉の圧勝だった。それまで支配してきた田中派・竹下派がリードしてきた派閥を中心とする自民党の論理を否定するところから総裁が誕生してきた。自民党はいやでも変化を促された。

小泉政権とは何だったのか

小泉政権で日本の政治の風景はすっかり変わった。1993年の非自民の細川連立政権の誕生が、55年の保守合同以来つちかい、つづけてきた自民党政治のおわりのはじまりだとすれば、小泉政権でおわりのおわりがやってきた。小泉政権は55年型の政治破壊の政権だった。では、自民党秩序の何を壊したのだろうか。おそらく4つある（日本経済新聞政治部編『政治破壊小泉改革とは何か』日本経済新聞社2001年）。

第1は、経世会破壊である。派閥の論理を否定した脱派閥の小泉は、実は派閥の人だった。森派でなければ、その前身の三塚派でも安倍（晋太郎）派でもない。福田派である。防衛庁長官をつとめた父・純也が急逝したため留学先のロンドンから帰国して、69年の衆院選に急きょ立候補、落選した後、福田赳夫（元首相）のもとで秘書をつとめた。福田の背中を見ながら政治を学んだ職業政治家だった。

小泉が使った「解党的出直し」にしても「徹底的な党改革」にしても福田語である。財政構造改革を考えても、73年の狂乱物価の後の総需要抑制策に見られるように一貫して緊縮型の財政政策をとった福田路線の延長線上にある。

政治的にも、小泉が間近に見た後年の福田の政治生活は、田中角栄（元首相）との角福対決に支配されていた。それがどこか小泉に乗り移っているところがあった。

加藤紘一、山崎拓とのＹＫＫは、もとはと言えば、田中派を継承した竹下派（経世会）への包囲網の結成だった。小泉の中には、福田の遺伝子ともいうべき、田中—竹下—小渕—橋本派への抜きがたい対抗心があった。経世会破壊への願望だったといっていい。

田中派とそれを継承した経世会の流れこそは、四半世紀、日本の政治を牛耳ってきた実権派である。78年に福田政権を倒した大平政権以降、鈴木、中曽根、竹下、宇野、海部、宮沢の各政権、その後の派閥分裂と自民党下野—政権復帰をへての村山、橋本、小渕、森の各政権とずっと権力の中枢にあった。経世会は自民党の秩序そのものだった。

小泉政権はその流れをひっくり返したのである。総裁予備選で橋本龍太郎に勝利し、小泉が「わたしが勝ったということは革命なのだ」と叫んだ背景には、連戦連敗だった旧福田派の積年の思いを晴らしたという気分が実によくあらわれていた。

小泉改革の柱だった郵政民営化にしても道路公団の民営化にしても、そこが経世会の牙城だったことがいちばんの理由だ。権力闘争はむき身ではできない。いつも政策の仮面をかぶっている。政治家にとっての政策はいつも政局の道具なのだ。郵政民営化とはもとをただせば打倒・経世会の旗印だった。

第2は、派閥破壊である。小泉革命は旧経世会という一派閥だけでなく、派閥という枠組みそのものも破壊する方向に動いた。

小泉内閣の人事がそのあらわれだった。旧来型の自民党政治では、人事は派閥単位で行われてきた。幹事長、総務会長、政調会長の党三役はまず派閥のバランスを考える。たとえば幹事長ポストは党内最大派閥が占め、第2派閥が政調会長、第3派閥が総務会長といった具合だ。

ところが、小泉政権の発足時の自民党役員人事で幹事長の山崎拓は第5派閥の会長、総務会長の堀内光雄は第4派閥の会長、政調会長の麻生太郎は第8派閥の河野派の幹部だった。小泉が所属した第2派閥の森派から三役を出していないのは別にして、最大派閥である橋本派、第

3派閥の江藤・亀井派を外すなど、かつてなら考えられない布陣だった。

組閣でも派閥が推薦する入閣候補を無視し、派閥均衡も打ち破る人事を断行した。いわゆる一本釣りで閣僚を起用、派閥の枠を吹き飛ばした。

55年型の自民党政治では、いつも派閥が中心だった。カネ・フダ（票）・ポスト。政治家としての本領安堵《あんど》をしてくれるのが派閥だった。しかし、小選挙区制度の導入、政治資金規正法の改正、政党助成金制度の導入など一連の政治改革によって派閥の役割が変わった。

まず派閥にカネが集まらなくなった。カネで派閥のメンバーをしばりつける「右向け右」の世界は崩れた。カネの切れ目は縁の切れ目である。

自民党執行部の力が増した。税金である政党助成金という名のカネは党本部に入る。党本部から派閥には頭数に応じて、カネが流れる仕組みになっている。もはや派閥によるメンバーの丸抱えはない。小泉政権になって派閥への金額を減らし、幹事長を通じて各議員に直接渡す盆暮れの氷代・モチ代を増やした。小泉流の脱派閥の一環だった。

小選挙区では党の支部長となり選挙で公認を取れるかどうかがポイントだが、それを決める権限があるのは党執行部である。定数3―5の中選挙区当時の派閥対抗による選挙はすっかりカゲをひそめた。小泉が進める脱派閥は小選挙区導入によってもたらされた結果でもあった。

派閥に残った機能は、人事の調整窓口だけになった。派閥が入閣候補者の推薦リストを作成し、首相官邸に届け、それをもとに閣僚人事を行う――。それを小泉は拒否したのである。派閥の出る幕はなくなってしまう。派閥破壊がどんどん進んでいった。

小選挙区の導入で主導的な役割をはたしたのは小沢一郎である。小沢がつくった制度をたくみに使い、自らの権力基盤を強めたのが小泉だった。小沢の果実を小泉が食べたといえるだろう。

第3は、意思決定破壊である。小泉破壊は自民党が長年、当然のこととしてきた意思決定のやり方そのものも変えようとした。下からの積み上げによるボトムアップ方式から、上から下におろしていくトップダウン方式による政策の決定だった。

自民党の政策は政調会で決定するが、まず各省庁に対応する政調各部会で検討する。そこを取り仕切るのが部会長だ。政務次官―部会長―常任委員長というコースを経れば、押しも押されもせぬ、族議員の誕生だった。

基本はなにしろ部会である。部会は自民党議員であれば、だれでも参加でき、自由に意見を述べることができる。省庁側も、閣僚はもちろん事務次官、場合によっては課長・課長補佐クラスまで出席し、法案などの事前審査が行われる。

部会の関門を通ると、政調会長・副会長らで構成する政調審議会が待ち構えている。他の部会＝他の省庁との調整の場である。政調審議会で了承を得ることは、党＝政府のとりあえずの粗ごなしが終わったことを意味する。

党の最後のハードルは、最高意思決定機関である総務会である。すべての過程を通じて意思決定の基本原則は全会一致である。一人の反対もないよう調整を続ける。日本型ムラ社会の原則が支配しているのが自民党だった。

各省庁が法案を国会に提出しようとすれば、この事前審査の党内手続きを経なければならない。池田勇人内閣当時の1962年2月、赤城宗徳総務会長が大平正芳官房長官に「各法案提出の場合は閣議決定に先立って総務会にご連絡願いたい」とする文書を出したのがはじまりとされ、70年代に与党審査が定着した。

事前審査をパスしなければ、法案は国会に提出できないわけで、各省庁はにっちもさっちも行かなくなる。これが族議員を生み、自民党政調会を「第2の政府」にした。党高政低で党主導がまかり通るようになった手続き上のからくりはここにあった。政策決定権力の二元化である。

小泉はそれをひっくり返しにかかった。まず最初に取り組んだのが2002年度予算の概算要求基準の決定だった。経済財政諮問会議（議長・小泉首相）で「骨太の方針」を決め、その延長線上で党側を押し切った。政調審議会などで相次いだ党の異論は異論として放置されたままだった。部会も単に不満をぶつけるだけのガス抜きの場にされてしまった。

02年4月には、小泉が執念を燃やす郵政改革関連法案の国会提出をめぐり郵政族との調整が難航、党側は事前承認をしない姿勢を崩さなかった。総務会は、内容の賛否を保留したまま法案の国会提出を容認した。あくまでも「前例としない」ことが条件だった。

しかし、長年のタブーが破られると、その後、衆院小選挙区定数の5増5減を柱とする公職選挙法改正案でも同じ便法が用いられた。

極めつけは05年、「改革の本丸」である郵政民営化法案の取り扱いだった。総務会で全会一致をやめて多数決で党議決定がされた。

そこには制度的な裏づけもあった。２００１年に実施された省庁再編による政治主導（内閣主導）で、内閣機能の強化が盛り込まれたからだ。小泉はそこから経済財政諮問会議を舞台にさまざまな政策を首相主導で決めていくやり方を徹底した。竹中平蔵経済財政相が舞台回し役だった。政府与党で二元体制だった政策決定を一元化しようとしたものだ。意思決定システムの破壊が進んだ。

そもそも省庁再編を主導したのは橋本龍太郎首相だった。橋本の果実を小泉が食べたといえるだろう。

第4は、理念破壊である。自民党政治の特徴は、右肩上がりの経済を前提とした利益の分配だった。公共事業と補助金と既得権益の保護だった。その中心にいたのが田中角栄であり、竹下登であり、田中派・竹下派だった。

全国津々浦々までみんな等しく豊かになる政治である。それを小泉改革は壊しにかかった。自民党的な理念の破壊である。もちろんバブル崩壊後の長期不況が背景にはあった。分配したくともその原資がなくなっていたのである。

公共事業を通じて、中央から地方への所得再分配を行い、業界や団体の権益を守る。その見返りに票をもらい、選挙基盤を固めていく。自民党は霞が関の各省庁とも結び付き、政官業の三角形を形成していた。

中央も地方も等しく豊かになろうという均てんの思想を基本にしながら、だれもが豊かさを失わないようにという配慮が働き、平等は悪平等化していき、日本は社会主義国家だと言われるまでになってしまった。

その結果が国と地方合わせ、当時、600兆円を超えるような借金の山だった。道路財源の見直しや地方交付税のカットをはじめとする「痛み」を伴う小泉改革とは、利益の分配と既得権益の保護という自民党のよって立つ基盤を自らうち砕いている。この面からも小泉が自民党秩序の破壊者だった。

２００４年３月23日　日本経済新聞朝刊コラム「大機小機」を転載しよう。

政治に頼るなと教える政治

「自民党をぶっ壊す」と叫んで、２００１年４月に小泉純一郎氏が政権の座について、もうじき３年になる。政治の世界では、あす何がおこるかもしれないから、あまり軽々に先の話はしない方がいいが、７月の参院選をのりきり９月になれば、在任期間は岸信介内閣をぬいて、（１）佐藤栄作（２）吉田茂（３）中曽根康弘（４）池田勇人の各内閣につぐ戦後５番目の長さになる。

もし06年９月までの自民党総裁任期いっぱい、あと２年半、首相の座にとどまるなら、05年８月には池田内閣、06年４月には中曽根内閣をぬき去って、３位におどり出る。

どこの世界でもそうだが、トップの座についている期間が長ければいい、というものではない。問題は、何をしたか、である。安保の岸、所得倍増の池田、沖縄返還の佐藤といった政権の評価にならえば、構造改革の小泉となるだろうか。折り返し地点をすぎたとして、さてどこまで進んだかだ。

道路公団改革には中途半端、郵政事業の民営化には具体化の道筋がはっきりしない、といった批判がつきまとう。将来をどうするかの明確な青写真が示されないのは、政権発足のころから変わらない。政策課題での評価は定まらないところがある。

しかし、間違いなく、首相が実現したことがある。田中角栄元首相がはぐくみ、竹下登元首相が受けついだ自民党政治の物の考え方をくつがえしたことだ。それは、全国津々浦々、みんな等しく豊かになろうという発想で、日本型社民主義といっていい。

地方から出稼ぎにきた若者が中央に住みついて、そこで納めた税金を地方に公共事業という形で「逆・仕送り」して、みんなで豊かになる。小泉政治はそれを突き崩した。公共事業は減額する、既得権益の保護はしない……自民党にとっては革命である。

これまで国におんぶにだっこで、ぶら下がってきた人々を拒否した。ある経営者は「そのうち何かやってくれるかと思ったけど、小泉内閣は本当に何もやらない。これは自分でやるしかないと思わせ、それが今日の景気回復につながっている」と評する。

おそらく小泉首相の最大の実績は、政治に頼ってもダメだと教えたことだ。しかし、そ

——れはまさに自民党の自己否定だ。やはり首相は自民党をぶっ壊している。（もっこす）

ワンフレーズとワイドショーによる劇場型政治

小泉純一郎首相の政治手法は、それまでの首相とはあきらかに違っていた。政治家の発言といえば説明調がもっぱらで、話題になるのはつい本音をもらしたり、逸脱したりといった問題発言や失言のたぐいだった。小泉は短く刺激的なことばで政治を動かした。そこにメディアも飛びついた。

複雑な利害の調整をする政治の世界を一言で斬って捨てていいのかという問題がある。それが小泉政治に対するポピュリズム（大衆迎合主義）批判につながるわけだが、小泉が実に巧みで、それによって支持を得ていたという事実だけは残る。

ワンフレーズ（一言）とテレビのワイドショーによる劇場型政治を定着させたのが小泉だった。

まず小泉のことばを思いおこしてみよう。首相に就任した2001年の新語・流行語大賞が小泉語録だった。大賞の対象となった言葉はさまざまだ。

就任直後の国会での所信表明演説に盛り込んだ「米百俵」「恐れず、ひるまず、とらわれず」。経済財政諮問会議が示した「骨太の方針」。スローガンである「聖域なき構造改革」と「改革の『痛み』」。そして小泉内閣に名づけられた「ワイドショー内閣」。空前の人気にわいた小泉の言葉がメディアを飛びかった。

このほかでも「自民党をぶっ壊す」「構造改革なくして成長なし」「抵抗勢力」「官から民へ」「中央から地方へ」「三位一体改革」など、改革がらみの言葉が相次いで発信された。小泉改革はことばからはじまった。

改革の痛みと重ね合わせ、巧みな表現をしてみせたこともあった。01年5月の大相撲夏場所でけがを押して優勝した横綱貴乃花に、小泉が総理大臣杯を渡すときに発した「痛みに耐えてよく頑張った。感動した。おめでとう」といったのがその例だ。一般の気持ちをうまくとらえたものだった。共感をもって受けとめられた。テレビを通して、繰り返し流されて、まるで集団催眠にかかったように、だれもが一緒になって感動した。

その特徴は、レッテルはりのうまさである。善悪二元の図式をつくりあげる構成力だ。小泉は、自らが進めようとした改革に難色を示した自民党橋本派などの面々を「抵抗勢力」と呼ぶことで悪玉に位置づけ、自らを善玉と色分けした。一般の有権者にわかりやすい水戸黄門の世界だ。

05年8月、郵政民営化法案が参院本会議で否決され、衆院を解散する断をくだして記者会見に臨んだ際の「ガリレオ発言」もそうだ。

「約400年前、ガリレオ・ガリレイは、天動説の中で地球は動くという地動説を発表して有罪判決を受けました。そのとき、ガリレオは、それでも地球は動くといったそうであります。私は今、国会で郵政民営化は必要ないという結論を出されましたけれども、もう一度国民に聞いてみたいと思います」

まなじりを決し熱く訴えた小泉。郵政民営化を主張している自らは正しく＝善＝で、否決した国会がまちがっている＝悪＝という図式だった。

そのあとの衆院選での「刺客」作戦も、善悪二元論そのものだった。郵政民営化法案に反対した自民党の造反組に対抗馬を擁立、悪玉の造反組に立ち向かう善玉の刺客といった図式をつくりあげた。小泉のことばではないが、「くの一」「マドンナ」と呼ばれた女性の対立候補のたたかいぶりがテレビのワイドショーの話題を独占した。「ワイドショー政治」の小泉劇場が演出された。劇場型政治といわれたゆえんだ。

ややこしい話もできるだけ短いことばで、それもきわめて簡潔に一言で伝える表現力も見逃せない。新聞なら見出しにあたるワンフレーズの巧みさがある。「自民党をぶっ壊す」にしても「改革なくして成長なし」にしても、それだけで分かったような気にさせるところがある。見出しなら10数文字、テレビなら15秒以内で気のきいた言葉を発すれば、とくにワイドショーは繰り返し放映する。短い時間で人々をとらえる政治的なフレーズを駆使する「サウンド・バイト」といわれる手法になる。

逆もあった。04年6月、岡田克也民主党代表との党首討論で年金加入問題について「人生いろいろ、会社もいろいろ、社員もいろいろ」と島倉千代子の歌をもじったような発言をし、ふまじめと批判をあび、7月の参院選での敗北につながっていった。

小泉流は「ワンフレーズ・ポリティクス（一言政治）」そのものだった。

こうして獲得した支持で小泉は、国会議員の頭数では圧倒していた田中派・竹下派の流れを政治の土俵の外に押し出しにかかる。永田町での劣勢を外から支持を調達することで逆転しようとしたものだ。

そのために使ったのが有権者への直進発信だった。首相番記者による通称「ぶら下がり取材」を最大限に利用した。

森喜朗内閣までは、首相番記者は官邸や国会の廊下で、首相との一問一答のやりとりができた。全国紙、通信社、放送局、ブロック紙の記者10数人が首相を取り囲み、立ち話で、時の話題について質問し、首相の答えを引き出した。

小泉は歩きながらの番記者との一問一答をやめた。昼と夕方の二回、官邸で質問に答えることにした。昼は新聞を念頭においてカメラなしのやりとり、夕方はテレビカメラを入れてのぶら下がり取材とした。

とりわけ夕方のテレビカメラのぶら下がりが効いた。月曜から金曜まで毎日、首相がテレビに向かい、つまり有権者に直接、発信したわけだ。それも小泉流のワンフレーズである。テレビのニュースの時間枠は限られているから、一言でずばり言いきることが必要になる。ワンカットにうまくおさまれば、ニュースの時間ごとに繰り返し流される。ワイドショーでも使われる。小泉はたくみに使った。

それだけでなく、スポーツ新聞の取材にも応じたし、雑誌編集者とも懇談するなど、それまで政治とは縁遠かった層を引きつけようとした。01年4月の内閣発足後すぐに「小泉内閣メールマガジン」を週刊で発行、計250回つづいた。03年からは「小泉総理　ラジオで語る」も月1回、土曜日に放送した。05年11月からは政府のインターネットテレビもはじめた。首相の一週間の動きなどを動画で配信している。メディア戦略が徹底していた。

不良債権処理と郵政民営化との格闘

「失われた10年」は結局、20年になってしまった。小泉内閣のころはまだ10年だった。その原因はなにか。バブル期の不良債権の処理が遅れていたためだ。

２００２年9月30日の内閣改造で、小泉首相は金融相を柳沢伯夫から竹中平蔵に交代させた。経済財政相だった竹中に兼務させ、不良債権処理の計画づくりを急がせた。

金融再生プログラム、通称「竹中プラン」とよばれたものだ。資産査定の厳格化や自己資本の充実、公的資金の活用などが柱だった。

その取りまとめの過程では銀行業界や与党内などから猛烈な抵抗にあい、調整は難航をきわめた。竹中は集中砲火をあびた。

『構造改革の真実　竹中平蔵大臣日誌』（日本経済新聞社２００６年／80〜81頁・以下、竹中日誌と表記）で、竹中は自らのエピソードを紹介している。

「(02年) 10月21日月曜日、重要な一週間の初日、目が覚めた直後に異変を感じた。耳鳴りがする。いつまで経っても止まらない。健康に自信のある自分にとっては信じられないことであり、初めての経験だった。しかし、金融担当大臣になってからの極度の緊張と疲労で、体調に異変が生じたことは明らかだった。……聖路加病院で診断の結果は『突発性難聴』ということだった。……薬を飲みながら、重要な一日をスタートさせなければならなかった」

内閣改造からちょうど1カ月後の10月30日、竹中プランの発表にこぎつけた。ところが金融システムの不安はなかなか解消しない。翌年03年のゴールデンウィーク前の4月28日、日経平均株価はついに7607円とバブル後最安値をつけた。

振りかえればそこが転換点だった。『竹中日誌』(108頁以下)によると、5月6日夜、政務秘書官の岸博幸から竹中にりそな銀行が自己資本の必要レベル(4%)を下回る可能性が出てきたという情報がもたらされた。

その後、りそな銀行の自己資本比率をめぐり監査法人の中でも、銀行の中でもつばぜり合いがあった。14日、竹中が金融庁幹部とともに小泉を訪れ、銀行全体の決算状況を説明する中で、暫定的に銀行側から上がってきていた報告はりそなの自己資本比率は4%を維持し特段問題はないというものだった。

竹中は事務方を先に帰らせて一対一で小泉に向き合った。

竹中「私自身はりそなの自己資本比率は4%を下回る可能性が高いと考えています」

小泉「要するに、いま聞いた説明とは全然違うんだね」

竹中「一切隠さず、原則通り、ルール通り粛々とことを進めたいと思います」

小泉「その通りやってくれ！」

結局、自己資本比率が4％を大きく下回ることが確実になった。

政府は土曜日の17日の夕方に金融危機対応会議を開いて、りそな銀行への公的資金の注入を決めた。

その後、足利銀行が債務超過であることが分かり、金融庁は11月に破たん処理をした。

最後の山はダイエーだった。04年10月、産業再生機構の活用で再生プロセスに入った。竹中は「これでバブル後はおわった」と感じた、と『竹中日誌』に書いている（139頁）。

竹中によると、小泉内閣がおわる直前期（06年3月期）の主要行の不良債権比率は1・9％で、ピーク時8・4％の四分の一になった（142頁）。

進め方をふくめてさまざまな批判はあっても小泉政権で不良債権の処理にメドがついたことだけは間違いない。

もうひとつの懸案は「改革の本丸」と位置づけ、政治家小泉がその実現に政治生命をかけた郵政民営化だ。最後は05年夏の衆院解散・総選挙で決着が図られるが、05年4月、自民党内での法案了承の手続きで、すでにふれたように全会一致の原則を無視し総務会を多数決で押し切った。綿貫民輔を中心とする「郵政事業懇話会」の郵政族議員をはじめとして小泉の政治手法に批判的な面々が法案反対で結集した。通常国会の会期も8月13日まで延長、小泉はあくまでも成立をめざした。

7月5日の衆院本会議での採決では賛成233票・反対228票と5票差での可決だった。自民党の造反組は反対票を投じたのが37人、棄権欠席が11人だった。小泉にとっては薄氷の勝利だった。

そして参院での審議に入っていくが、飯島勲首相秘書官は「与党側から18人の反対が出れば否決されるという事情も考慮し、極秘に解散を想定した選挙の準備作業をスタートさせた。……解散総選挙を事実上覚悟したのは8月5日金曜日だった。委員会で採決を行った日のことだ。……中曽根弘文参議院亀井派会長がはっきりと反対を表明した」(飯島勲『小泉官邸秘録』日本経済新聞社2006年・269~270頁)と明かす。

森喜朗前首相が首相公邸の小泉のもとを訪れたのは8月6日土曜日の夜だった。森は、帰り際にビールの空き缶と「干からびたチーズ(=フランス産ミモレット)」を記者団に見せながら、小泉とのやりとりを披露した。

「寿司ぐらい出るのかと思ったら缶ビールと干からびたチーズしか出ない。硬くてかめやしない。ビールがもうないぞと言ったら『もうない』だよ」

「みんなが路頭に迷うことがあったらどう責任をとるのかと言ったら、総理は『郵政民営化はおれの信念だ。殺されてもいい』と。おれもさじを投げた。変人以上だな」

かなり芝居がかった記者団への対応ぶりだったが、森一流のやり方で、法案が否決されたとき解散を思いとどまるよう促したのに小泉が突っぱねたこと、小泉の意思は変わらないこと、を知らせようとしたものだった。

運命の日、8月8日がやってくる。午後1時、参院本会議がはじまった。思いのほか造反組が多い。賛成108票、反対125票、法案は否決された。自民党の造反組は反対票を投じたのが22人、棄権欠席が8人だった

小泉はただちに動いた。午後2時からの自民党役員会で「衆議院を解散する。反対した人は公認しない。全選挙区に候補者を立てる」「古い自民党はぶっ壊す。新しい自民党でやる」と言い切った。午後7時すぎからの衆院本会議で河野洋平衆院議長が解散詔書を読みあげた。午後8時半からの官邸での記者会見で飛びだしたのが、すでに紹介した小泉のガリレオ発言だった。

9月11日投開票の衆院選で自民党は296議席を獲得して大勝、特別国会で郵政民営化法が

成立した。

電撃訪朝で拉致問題に風穴

小泉外交では2002年9月17日の北朝鮮訪朝に触れざるをえない。「ミスターX」と呼ばれた北朝鮮側の交渉相手と接触をつづけ小泉訪朝を実現した立役者は当時、外務省アジア大洋州局長だった田中均だ。

田中均『外交の力』(日本経済新聞出版社2009年・103頁・107頁)によると「秘密保持についての総理の指示はとても厳格だった。総理、官房長官、官房副長官(事務)、外務大臣、事務次官、そして交渉担当者たるアジア大洋州局長というラインに限る。とにかく少数に限れというのが、総理の強い指示であった」。

週末をつかって訪朝、北朝鮮と20数回の交渉をし、帰国後、月曜か火曜に必ず小泉に報告をした。これが新聞各紙の首相動静欄に載ることで、小泉の信頼を得ていることと、きちんと小泉に交渉内容が伝わっていることのメッセージになった。1年間繰り返した。田中は小泉に88回会った。

あえて相手方にも「日本の新聞を見ればよい。『総理の一日』欄を見れば私が総理と常に相談していているのがお分かりになるでしょう」と伝えた。交渉者の信頼性も徐々に高まっていった。

第1回の交渉が2001年秋で中国の大連だったことを明らかにしている。福田康夫官房長官と古川貞二郎官房副長官（事務）が励ましてくれたという。

古川貞二郎『霞が関半生記』（佐賀新聞社2005年・222～223頁）がこんな風に書いている。

「以前から総理の意向を受けて動いていた外務省の田中均アジア大洋州局長が、ひそかに僕のところにも相談にきていた。交渉が大詰めに近づくにつれ、彼の苦悩は深まったように思う。本当に交渉を続けてよいのかと弱気になったこともあった」

「そんな時、僕が彼に言っていたのは『大義とは何か』という事だった。『北朝鮮には種々問題があるが、国交正常化は日本、東アジアひいては世界の平和に寄与する。苦しくても正常化交渉は進めるべきだ』と」

いずれにせよ政務の安倍晋三官房副長官に情報はあがっていなかった。それがあとあと、しこることになる。秘密外交と指摘され、今なお批判を受けているのは不幸なことだ。

飯島勲『小泉官邸秘録』（148頁）によると、小泉は02年8月中旬、金正日総書記あてに親書を送った。

「日本側は国交正常化や補償問題、在日朝鮮人の地位向上などに真摯に取り組むので、北朝鮮側も拉致問題や核・ミサイルなどの日朝間の諸問題の解決に真剣に取り組んでほしい」という内容だった。

これを金総書記が受け入れれば首脳会談を行い両国のトップ同士で国交正常化の道筋をつけるぞ、とのメッセージだった。北朝鮮側から肯定的な反応があった。8月30日に小泉訪朝が発表になり、9月17日の日帰り訪朝になった。

拉致被害者「5人生存、8人死亡」の北朝鮮側の発表に国内世論は激しく反発した。当時、NIKKEI NETの政治コラム『風向計』に以下のような記事を書いた。今からみるとやや違和感はあろうが、訪朝直後の世の中の雰囲気をよく伝えていると思うので、あえて再録する。

02年9月23日付で「**小泉訪朝は歴史の重みに耐えうるか**」という見出しだ。

政治はこわい。外交はむずかしい。あっと驚くようなことがある。明が暗に転じたかと思えば、暗は明に転じる。今度の小泉純一郎首相と金正日総書記との日朝首脳会談は、そ

んな思いを抱かせる出来事だった。

首脳会談を前に、日本側は拉致被害者の安否の確認が日朝国交正常化交渉再開の前提だ、と口を酸っぱく北朝鮮に主張してきた。

9月17日の首脳会談で、確かに北朝鮮はそれに答えた。「死亡8人、生存5人、該当者なし1人」——午前の会談に先立つ局長協議で北朝鮮が伝えた内容は、あまりにショッキングだった。8人の命がすでに失われているというのである。

ある程度、予想はしていたとしても、ここまでも、というのが、おそらく率直な感想だったろう。死亡年月日を示した非公式リストにしても「8人死亡」の衝撃で十分な吟味が行われなかったというのも案外、事実かもしれない。

日本国内では、拉致家族の怒りと涙が繰り返しテレビの画面から流れてくる。誰もがいたたまれない気分になる。「真相解明なくして正常化なし」と与野党議員がこぞって主張するのは、そうした感情を反映したものだ。

「なぜ共同宣言に署名したのか。席を立って帰ってくるべきだった」「どうして、その場でもっと拉致の真相をたださなかったのか」……いろんな声が噴き出してくるのは当然だ。

死亡年月日リストをめぐる不手際は、瀋陽事件の記憶がさめやらぬ中で、外務省への不信感を一段と募らせている。これからの展開によっては、小泉政権そのものが揺さぶられる可能性も否定できない。

目を外に転じると、小泉訪朝への評価は高い。金総書記に拉致の事実を認めさせ、謝罪させたことは驚きをもって受け止められている。

日朝関係の改善は韓国も中国もロシアも歓迎する。北朝鮮の経済が破たんすれば、その影響は当然、周辺国に及ぶ。国交正常化で「日本マネー」が北朝鮮に流れ込めば、北朝鮮の経済危機は一息つき、中韓ロ各国にもメリットがあるからだ。各国がそれぞれの思惑で行動するのは国際政治のダイナミズムの中では当たり前である。

巷間言われているように10年間に100億ドルの経済協力が実施されるなら、年10億ドル（約1200億円）だ。その資金は年間9000億円のODA（政府開発援助）の枠内にとてもおさまり切れない。財政事情が逼迫した中で、どうねん出するのか、えらい問題である。

何をしでかすか予測不能な隣組を国際社会の場に引き出して、とりあえず妙なことにならないようにする、という試みは、北東アジアの安全保障という観点からも、いつかはしなければならないことに違いない。もちろん、やり方に賛否両論あるだろう。その是非は別にして、戦後を本当に終わらせるためにも必要なことではある。

5年後、10年後に振り返ったときの評価と、ただ今の時点の評価が違うのは、外交の世界ではしばしばあることだ。世論や、国内の政治勢力という変数が加わってくると話はよりややこしくなる。

日露戦争のポーツマス条約に調印、日比谷焼き打ち事件を誘発した小村寿太郎。ロンドン海軍軍縮会議で海軍の兵力削減条約に調印、統帥権干犯問題を引き起こした若槻礼次郎や浜口雄幸。歴史が物語るものがある。

小泉首相の訪朝が歴史の重みに耐えうるものかどうか、むしろこれからの対応にかかっているのではなかろうか。

それから1カ月後の10月15日に5人の拉致被害者の帰国が実現。一時帰国という見方があったが、安倍副長官の強い意向でそのままとどまった。

電撃訪朝前の8月に日経調査で44%まで下落していた安倍内閣の支持率は10月に61%と劇的に回復した。

その後、04年5月22日、小泉は再訪朝し金総書記と会談、被害者の家族8人も順次帰国したが、横田めぐみさんら安否不明者の調査には目立った進展がなかった。

10年後の14年5月、第2次安倍政権になって安否不明者の再調査で両国は合意したものの、2年後に北朝鮮側が中止を発表した。18年6月のシンガポールでの米朝首脳会談をきっかけに日朝首脳会談による拉致問題解決への期待が高まっているが、残念ながら先行きは見通せない。

第8章

安倍・福田・麻生政権とは何だったのか

――「政権交代」を呼び込んだ政権だった

1年交代となった安倍、福田、麻生の3つの政権。「政権交代」を呼びこむ役割を果たしてしまった。自民党にとっては幹線からはずれてしまう引きこみ線のような政権だった。

小泉離れの成功と失敗

第1次安倍晋三政権とは何だったのか――小泉前政権の重圧に苦しんだ政権だった。

5年5カ月つづいた小泉純一郎内閣で、官房副長官―自民党幹事長―官房長官と促成栽培されたのが安倍晋三だった。2006年9月の総裁選では安倍が3分の2の票を獲得、麻生太郎、谷垣禎一に圧勝した。

ポスト小泉として名があがっていた麻生太郎・谷垣禎一・福田康夫・安倍晋三の「麻垣康三」の先発投手として登場、人気が高く次の選挙の顔と期待された。

ところが小泉の遺産を清算し独自色を出そうとしてしくじり、小泉の経済路線で意識され出していた「格差」問題で小沢一郎民主党に攻め込まれて選挙に敗北。最後は健康問題であっけなく退陣し、ここから自民党下野への道がはじまった。

安倍内閣はロケットスタートだった。小泉が靖国神社への参拝にこだわり、日中関係をすっかりおかしくしてしまったのを一気に修復に動いた。新内閣が発足したのが2006年9月26

日。10日もたたない10月4日に8日の北京訪問、翌9日のソウル訪問を発表した。当時の谷内正太郎外務次官が調整したものだった。

小泉の訪朝にならったような安倍の電撃的な中韓訪問は世論の支持をえた。内閣支持率は70%台に乗った。

訪中・訪韓がそうであったように、安倍にとっては小泉からの自立こそが自前の政権を印象づけることだった。それが05年の郵政選挙の際に自民党を追われた郵政造反組の復党問題だった。反対論があるなかで安倍は復党を認めた。

これが安倍政権転落の序章だった。小泉で育てられた安倍が小泉離れをおこしたところで、有権者が離れていくきっかけをつくった。内閣支持率は急落、50%程度まで落ちこんだ。わずか3カ月で20ポイントの下落だった。

安倍晋三（第一次）

理念先行で空回りした政権だった

安倍政権で特徴的だったのは理念が前に出すぎたことだ。「戦後レジームからの脱却」「美しい国」を標榜、政治目標として憲法改正を真っ正面にすえた。そのために改憲の手続きを定めた国民投票法を制定し、教育基本法の改正、防衛庁の省昇格など保守色を鮮明にした。

それは自民党のイデオロギーそのもので、政党として決して悪いことではないが、有権者の意識とはズレが生じた。小泉改革で格差意識がめばえ、生活重視の気分が強まってきていたからだ。そこを民主党の小沢代表につかれた。07年7月の参院選に向けて小沢は小泉改革の負の遺産に的をしぼって攻撃した。とりわけ傷んでいるとみたのが地方だった。

公共事業のカットにより、中央から地方への所得再分配で潤ってきたのは昔話になった。地方は政治が自分らを棄てようとしているのではないかと感じはじめた。改革疲れともいえる気分が充満していた地方の保守層。小沢は重点的に地方にまわり、支持を訴えた。戦略はずばり的中した。

勝敗の帰すうを決する一人区で、安倍自民党は小沢民主党に6勝23敗と大敗を喫した。参院では民主党が109議席で第一党になった。自民党は83議席で、1955年の結党以来はじめて参院第一党の座からすべり落ちた。衆院は与党、参院は野党が多数をしめる「衆参ねじれ国会」となった。

07年の参院選はメディアと政治の関係を考えるうえで格好の素材を提供してくれている。以下それを紹介しよう（蒲島郁夫・竹下俊郎・芹川洋一『メディアと政治・改訂版』有斐閣2010年・254〜255頁）。

2007年7月29日投票の参院選で、自民党は1989年参院選の36議席と並ぶ37議席しか獲得できず、歴史的な敗北を喫した。参院選に向けた一連のプロセスをふりかえると、メディアが大きな役割を果たしたことがわかる。メディアによって、ドイツの世論研究者ノエル＝ノイマンいうところの「意見の風向き」、ほぼ同じ意味を持つ日本政治のはやり言葉風にいえば「空気」が醸成されていったからだ。

同年5月28日の月曜日は「安倍内閣のブラックマンデー」だった。ここから安倍政権崩壊のドラマがはじまった。

その前の週に5000万件の「宙に浮いた年金」が問題になり、週末には与党が年金法案の採決を強行していた。たまたま毎日新聞と日本経済新聞の世論調査結果が28日付朝刊で公表され、ともに内閣支持率が前月比で10ポイント超下落した。年金ショックだった。

その月曜日の昼には、「なんとか還元水」発言など事務所経費疑惑を追及されていた松岡利勝農相が自殺した。安倍政権に衝撃が走った。

続いて、久間章生防衛相の「原爆はしょうがない」発言、麻生太郎外相の「アルツハイマーの人でもわかる」発言と閣僚の問題発言が相次いだ。とどめを刺したのは赤城徳彦農相の事務所経費問題と「絆創膏《ばんそうこう》事件」だった。

対応は後手に回り、政権の危機管理ができないまま、テレビのワイドショーも政治をテーマにどんどん取り上げ、政権批判はとどまるところを知らなかった。

ノエル＝ノイマンの「沈黙の螺旋《らせん》」仮説そのままに「空気」ができあがった。次から次へと報道の連鎖がうまれ、その結果、波がおこった。年金をはじめとするマイナス報道の波に、安倍政権は、もまれつづけた。波はついに渦になった。そして、最後は渦にのみ込まれて、安倍政権は海底深くに沈んでしまった。

参院選に惨敗しても退陣せず、しばらく政権の座にとどまった安倍晋三首相は「ＫＹ（空気が読めない）首相」と揶揄《やゆ》された。そもそも世論の高い支持を背景に小泉純一郎首相の後を継いだ安倍。ある「空気」ができあがり、世論に見放されていく安倍政権の過程は、メディアと政治を考えるうえで示唆に富んでいる。

政治主導の仕組みをうまく使えなかった政権だった

「お友達内閣」――第1次安倍内閣はそんなふうに揶揄された。昔からの知り合いや総裁選で応援してくれた人への配慮が色濃いとみられたためで、極めつけは官房長官に93年の衆院選初当選で同期の「盟友」塩崎恭久を選んだことだ。

政務秘書官や、事務の内閣官房副長官の人事でも永田町・霞が関の全体をみるのではなく個人的なつながりを重視して、しくじった。

新たに5人の直属の首相補佐官をおいた。世耕弘成（広報）、小池百合子（安全保障）、根本匠（経済財政）、中山恭子（拉致問題）、山谷えり子（教育再生）で、その顔ぶれに安倍カラーがにじんだ。

自らはとりわけ力を入れている政策課題で「安倍チーム」ともいえるものだった。ところがこれが混乱のもとだった。役割分担が明確でなかった。官房長官や各閣僚との関係はどうなるか、そもそも法的な位置づけはどうなっているのかなどはっきりせず、さまざまなところであつれきを生じた。理想主義的な安倍のやり方が裏目に出たかっこうだ。

小泉は竹中平蔵を経済財政相に起用して、経済財政諮問会議をたくみに使いながら首相主導の政治を演じてみせたが、安倍首相は政治主導の運用で失敗した。

07年6月、安倍内閣で通常国会の会期を延長してまで成立させた国家公務員法の改正も見逃せない。能力実績主義を徹底するための新たな人事評価制度を導入、各省による再就職あっせん禁止などの再就職規制の見直しをした。とくに天下り規制が霞が関の反発をまねいた。安倍政権崩壊の裏には官僚たちのサボタージュと暗躍があったとまでいわれたものだ。

そして07年9月12日。8月27日に内閣改造・自民党役員人事をおえて召集した臨時国会で衆院での代表質問がはじまる日だった。

午後1時からの本会議開会を前に、閣僚は国会内の大臣室で待機していた。そこへ首相辞任の情報が流れ、「まさか、と笑っていると、『テレビで流れている』という話が入ってきた。当時、ワンセグ付きの携帯電話を持っている大臣秘書官は数名にすぎなかったが、その数個の携帯をかき集めて、閣僚が全員で覗き込んだ。思いもよらない衝撃だった」と当時、経済財政相だった大田弘子が振りかえっている（大田弘子『改革逆走』日本経済新聞出版社２０１０年・17頁）。

持病の潰瘍性大腸炎が悪化し東京・信濃町の慶応大学病院に入院、わずか1年で退陣を余儀なくされた。ここから「首相1年の使い捨て」時代がはじまった。

福田康夫内閣とは何だったのか――衆参ねじれに翻ろうされた政権だった。

思惑でうごく政治では、ちょっとした言動の情報が虚実ないまぜにして足をひっぱるために解釈加工されて流される。安倍晋三が退場したあと、麻垣康三のなかで次にマウンドに立つとみられていた麻生太郎が福田康夫に先をこされたのは「麻生クーデター説」によるところが大きい。

「麻生は安倍の辞意を知っていながら誰にも知らせずに、幹事長の職権を利用して総裁選の日程など自分に有利になるようにひそかに準備を進めていた」「安倍は内閣改造で麻生に裏切られたと漏らしている」などといった情報が党内をかけめぐり、疑心暗鬼をうんだ。

福田康夫

その間げきをぬって福田が浮上した。党内各派の領袖クラスは福田で足並みをそろえた。麻生が小泉改革の軌道修正に動いているとみた小泉チルドレンら若手も麻生に拒否反応を示した。

07年9月23日、国会議員（387人）と都道府県連代

表（141人）による投票の結果、福田330票、麻生197票で福田が総裁に選出された。ただ地方票は福田76票、麻生65票と僅差だった。

「クーデター説がなければ」と麻生陣営はくやしがった。疑惑は安倍が総裁選直後の24日、入院先の慶応大学病院での記者会見で否定してやっと消えた。

不発におわった大連立構想

参院選での自民党の大敗で衆参ねじれ状況となった。予算や条約は別にして与野党対決型の法案は成立せず、政権運営が暗礁にのりあげるのは目に見えていた。そこで自民党と民主党による大連立で政治を安定させようと動いた人たちがいた。橋渡しの中心は読売新聞主筆の渡邉恒雄である。

渡邉恒雄『反ポピュリズム論』（新潮新書2012年・79頁以下）でそのてん末を明らかにしているので、それに従って経緯を追ってみよう。

07年8月、長野県軽井沢町のホテルで静養していた渡邉のもとに一本の電話が入った。小沢一郎が非常に信頼を置いている元大物官僚のX（＝斎藤次郎元大蔵次官）からだった。

「小沢さんが大連立をやるべきだと言っている。ナベさんと私が連絡役をやって大連立をやろうじゃありませんか」

渡邉はXをまじえて小沢と会い、福田とも二人だけで会った。大連立構想に最初に乗ったのは福田だった。福田の考えは社会保障制度改革で中曽根内閣の臨調のような組織か円卓会議的なものをつくってそこに両党が加わる形にしたいというもので、「ぜひ小沢さんとつないでほしい。斡旋してほしい」と頼まれた。

総裁選で福田が総裁に選ばれたのは9月23日。実はそれよりかなり以前の段階で小沢と福田は大連立で基本合意に達していた。小沢は、25日に予定していた首相指名選挙をいったん延期して、その間に福田・小沢の党首会談を開いて一気に連立交渉に入り、大連立で組閣を行うという意見だった。

福田の返事は「首相指名選挙と組閣まではさせてほしい」というものだった。9月20日前後のことだった。

小沢は福田の返事を不承不承受け入れて、当面の組閣はできるだけ小幅にとどめるよう求め、「今は参院選で勝った直後だ。だから今なら党内も私の思うようになるが、時間が経てば経つほど私の指導力はなくなっていく」と渡邉に伝えた。

この後も福田の慎重主義はつづいた。組閣がおわると、こんどは「所信表明演説をやらせてほしい」となった。演説をすれば各党代表質問となり、そうなれば野党第一党の代表として小沢は福田内閣への対決姿勢を取らざるを得なくなる。ますます大連立の機運は薄れてしまう。小沢は強く反対したが、福田は譲らなかった。そして10月1日に所信表明演説がおわると、こんどは「予算委員会をやらせてくれ」。

10月17日に衆参両院の予算委員会が一巡したところで、福田の名代で森喜朗が小沢と予備会談を東京・大手町のパレスホテルで行った。10月25日夜のことだった。

小沢が無任所の副総理で入閣し、自民党10人、民主党6人、公明党1人の閣僚の配分も内々決まった。これを踏まえ、10月30日と11月2日の二度にわたって福田・小沢の党首会談が行われ、大連立で合意した。しかし民主党の役員会で大連立構想は否決され、すべては水泡に帰した。

失敗の原因は何だったのか。渡邉は、福田の慎重さと、党内に何の根回しもしなかった小沢の過信が悪いかたちで重なり合ったためだ、とみている。

このあと民主党は福田政権との対決姿勢を強める。衆参ねじれがすべてにわたって福田政権を苦しめることになった。まず法案処理。11月1日で期限切れを迎える、インド洋での海上自衛隊の給油活動をつづけるためのテロ対策特別措置法の延長は野党の賛同が得られず、海自に撤収命令を出さざるを得なくなった。新法をつくって給油活動の継続をめざすが、臨時国会の会期を二度にわたって延長、08年1月まで越年して参院で否決後、衆院の3分の2以上の多数で再可決してようやく成立にこぎつけた。

国会同意人事にも参院の壁が立ちふさがった。11月にはさっそく政府提案の人事案件のうち3機関3人について「官僚ＯＢの天下りポストだ」と反対し、同意を与えなかった。

とりわけ問題になったのが日銀総裁人事だった。3月に入って政府は、元財務次官の武藤敏郎副総裁を総裁に昇格させ、白川方明・京大教授、伊藤隆敏・東大教授を副総裁に起用するという人事案を衆参両院に提示した。武藤、伊藤の人事案が参院で不同意になった。「武藤総裁」に小沢は当初、容認する方向だったとされ、党内の反対論に押し切られたと報じられているが、もともと小沢は認めていなかったとの見方もある。

つづいて総裁に田波耕治・元大蔵次官、副総裁に西村清彦・元東大教授を充てる新たな人事案を示すが、参院では「田波総裁」は不同意となった。結局、政府は白川、西村を副総裁に任命、白川を総裁代行に指名したあと白川が総裁の座についた。4月になっていた。人事の迷走は1カ月に及んだ。

ねじれの混乱は「決められない政治」との批判をまねいた。小沢との党首討論で福田の悲鳴にも似た声が飛びだしたのはちょうどそのころだった。

「前進するように国会運営をやってほしいんです。だれと話せば信用できるんですか。ぜひ教えてほしい。かわいそうなくらい苦労しているんです」

通常国会の終盤で野党は参院に福田首相の問責決議案を提出、賛成多数で可決した。福田は議会史上はじめて問責決議を受けた首相となった。与党はすぐさま内閣信任案を衆院に提出、可決してこれに対抗した。

もはや与野党の対立は抜きさしならないところまできていた。雌雄を決するには衆院解散・総選挙するしかない。福田で解散できるのか。党内の大方の見方はノーだった。たとえば中曽根康弘元首相は「党内に福田で選挙をやろうと思っている人間はだれもいない」と明快だった。それは福田本人も分かっていた。

そして9月1日——。与党幹部らに午後9時半から福田が緊急の記者会見をするとの連絡が入ったのは午後8時すぎだった。何のためかは明らかにしなかった。森喜朗らに辞意を伝えたのも記者会見の直前だった。不意打ちだった。7月の洞爺湖サミットをおえ、8月1日に内閣改造・党役員人事をしたばかりだった。

退陣表明の記者会見で「まるで人ごとのようですね」と記者から聞かれて、福田はムッとした表情で「私は自分を客観的に見ることができるんです。あなたとは違うんです」と答えた。クールでシニカルで、何事にも半分ひねりがはいる、いかにも福田らしい最後のことばだった。

麻生太郎内閣とは何だったのか——衆院解散の時機を逃して自民党の野党転落を招いた政権だった。

スタンバイOK、ブルペンで盛んに投球練習をしていたのが麻垣康三の3番手となる麻生太郎だった。

麻生太郎

福田は2008年8月1日の内閣改造・党役員人事で麻生に幹事長就任を要請した。その際、翌年の09年9月で衆院議員の任期が満了になるのを前提に、それ以前のどのタイミングかで麻生の手で衆院解散を断行する、つまり福田が退陣しあとは麻生にゆだねる、といった考えを伝えた、とみる向きがもっぱらだ。

人事の前日の7月31日、麻生は千賀子夫人と山形県の上山温泉に投宿、急きょ東京に取って返している。福田と麻生のまわりがあわただしく動いたのは間違いない。

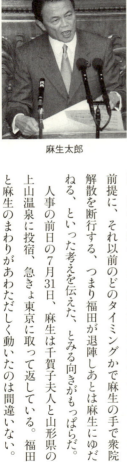

もちろん機微にふれるような部分については詰めないのが政治家同士の会話の要諦だから、真偽のほどは分からない。ただ福田―麻生会談では先々をにおわせるような何らかのやりとりがあったのは想像にかたくない。

9月22日投票の総裁選では麻生が与謝野馨、小池百合子、石原伸晃、石破茂をおさえて3分の2の票を獲得、圧勝した。若者を中心に人気のある麻生を「選挙の顔」に期待してのことだった。

24日の首相指名選挙で麻生は第92代・59人目の首相に選ばれた。焦点はいつ解散に踏み切るのか、政界の関心事はその一点だった。総裁選の余勢をかって麻生で解散・総選挙にのぞみ、民主党との決戦に勝利する。福田と麻生の共通の思いだった。

その証拠が残っている。10月10日発売の「文藝春秋」11月号。原稿の締め切りはどんなに引っぱっても発売日の1週間から5日前だろう。

主見出し「強い日本を！　私の国家再建計画」

脇見出し「小沢代表よ、正々堂々と勝負しよう。私は絶対に逃げない」

「私は決断した。……国会の冒頭、堂々と私とわが自民党の政策を小沢代表にぶつけ、その賛否をただしたうえで国民に信を問おうと思う。……私は逃げない。勝負を途中で諦めない」

時期は明示していないとしても、だれが読んでも解散宣言だった。

麻生が所信表明演説をし、衆参両院で各党の代表質問をおえたところで10月3日解散、14日衆院選公示―26日投開票がいちばん早い日程として想定されていた。投票日を1週間おくらせて11月2日や、さらにその1週間後の9日にする案もあった。

ところがこのシナリオがくずれた。海の外で国内政局を揺り動かす出来事がおこった。9月15日、米リーマン・ブラザーズが経営破たん、リーマンショックで世界同時株安となり経済は一気に悪化したからだ。

麻生内閣の支持率（日経調査）も発足直後の9月が53％と、福田前内閣の発足時の59％より低く、人気がわく状態にはほど遠かった。政党支持率をみても9月で自民党41％、民主党31％と、自民が民主に大きく差をつけるところまではいかなかった。麻生効果はそれほどでもないことが見えてきた。

臨時国会の冒頭解散を見送った結果、政治環境はどんどん悪い方向へとむかった。日経平均株価は10月27日に7162円と、バブル崩壊後の最安値だった03年4月28日の7607円を下回った。10月28日には一時、7000円を割り込んだ。とても解散・総選挙どころではなくなった。

その後も補正予算を成立させたあとの11月30日投票なども取りざたされたものの、景気対策を優先する立場から麻生は解散の先送りを表明した。福田退陣―麻生新首相で民主党を圧倒のシナリオがくずれさった。

それからはただ転落の一途だった。一般の有権者に効いたのは、漢字が読めない「KY首相」のイメージが定着し首相の資質に疑問符がついたことだった。踏襲《とうしゅう》を「ふしゅう」、未曽有《みぞう》を「みぞうゆう」など誤読、失言ばかりが話題になった。

内閣支持率はどんどん落ちていった。11月31％（不支持率62％）、12月21％（73％）、09年1月19％（76％）、2月15％（80％）――。とても選挙などできる状況ではなくなった。

経済もどん底までおちた。09年3月10日には日経平均株価が7054円とバブル後最安値を更新、リーマンショックの影響で日本経済はふたたび低迷の淵に沈んだ。

7月12日投票の東京都議選では自民党が惨敗、民主党が第一党になった。自民党内からは「麻生おろし」の動きが表面化した。しかし大きな流れにはならなかった。党を立て直し、有権者の支持を集められるような次のリーダーがいなかったためだ。

ことここにいたって、自民党は座して死を待つより仕方のない状態となった。任期満了は09年9月10日。7月21日衆院解散―8月30日投票の日程は事実上の任期満了選挙である。麻生は結果として解散権を行使できなかった。08年9月1日の唐突な福田の退陣表明は何の意味も持たなかった。

だれも勝てないと思いながら選挙戦に突入、負けをいかに減らすかが勝負になった。解散のタイミングを逃した結末だった。

解散権を行使できずに政権の座を去った首相は何人もいる。そんな自民党の歴史もここで振りかえっておきたい。

NIKKEI NETの政治コラム『風向計』**「解散のための闘争」**（03年7月21日＝同年10月に小泉首相は衆院解散に踏みきるが、政界で解散が話題になりはじめたころ）を一部手直ししたものだ。

法とは闘いとるもので『権利のための闘争』と言ったのは、ドイツの法学者、イェーリングである。その筆法にならえば、政治はさしずめ権力をめぐる闘争だ。職業政治家の集団である自民党には「権力のための闘争」のにおいが立ち込める。権力行使の最たるものは、言うまでもなく首相の大権である衆院解散だ。解散をめぐる権力闘争のドラマは、政権の命運を分けるドラマでもある。

原彬久『岸信介証言録』（毎日新聞社2003年）をめくると、岸氏が1982年にインタビューを受けたときもなお、悔しくて歯がみする音が聞こえてくるくだりがある。60年1月、新たな日米安保条約を調印して米国から帰国直後、解散できなかったことがそれだ。

「いまでも非常に残念に思っていることがあるんです。解散して条約に対する国民の意思を聞いておくべきであったということです。新条約調印直後に総選挙をやっておけば、あの後の安保騒動はなかったと思うんですよ。いまから考えると、大きな失敗だった」

「選挙に勝つ自信はあった。総選挙になれば絶対勝つという確信をもっていました。選挙に勝利して議会に臨んだら、議会がいくら騒いだって、国民は新条約を支持しているではないかということになるんです」

しかし、解散は断行されなかった。側近の川島正次郎幹事長が強く反対したためだ。解散で党内をまとめることができず、選挙資金のメドも立っていないというのが川島幹事長の言い分だった。安保花道論で岸政権の長期化を好まない党内の地合いがあった。

岸氏は「川島幹事長は昭和3年の初当選以来戦前に6回も当選しており、政治家として先輩なので、私として遠慮するところもあり、とうとう踏み切れなかった」と『岸信介回顧録』（廣済堂出版１９８３年）でも述懐している。

解散できなかった岸首相は6月の安保反対運動で退陣表明に追い込まれ、翌7月、政権の座から降りた。

岸氏の直系である福田赳夫首相も、解散で悔しい思いをした。初の党員投票による総裁公選を年末に控えた78年のことだ。

福田赳夫『回顧九十年』（岩波書店１９９５年）で感情を抑えつつ、次のように言及している。

「福田内閣で日中平和友好条約を締結した直後は、かなり自民党の大勢がよかった時期である。私は国会を解散して民意を問いたいという考え方を持っておったのだが、幹事長だった大平氏はあまりそれに乗ってこなかった。むしろ、周辺からは解散に反対する言動が活発になった」

78年8月、園田直外相を訪中させ日中平和友好条約を調印した福田首相は衆院解散に動く。ところが、大平正芳幹事長は首を縦にふらない。福田政権の長期化をおそれるとともに、それは約束違反との思いがあったようだ。

『大平正芳回想録』（１９８２年）によると、大平氏は「ぼくは福田さんとは何度も話し合ったが、そのたびに福田さんが繰り返したのは『解散をやらしてくれないか』ということと『総裁公選をやったら大変なことになる。なんとかならないか』ということだった」と当時を振り返っている。

背景には、いわゆる「大福密約」があった。76年11月の「三木おろし」に向けた大福提携の合意である。大平氏はポスト三木に福田氏を推し、福田氏は党務を大平氏に委ね、総裁任期3年を2年に改める、という内容だ。

大福会談に同席し、合意文書に署名した福田派幹部の園田直氏は会談の帰路、立会人の保利茂氏に「2年後、大平政権樹立のために走り回ることを約束させられたようなものですね」と語りかけたという（大平回想録）。福田政権2年のあと、大平氏に引き継ぐとの暗黙の了解である。

解散ができなかった福田氏は78年11月の党員による予備選挙で大平氏に敗れ、国会議員による本選挙を辞退し、首相の座を離れた。

解散ができずに退陣に追い込まれた例は、もちろんほかにもある。三木武夫首相は76年9月、挙党協による三木おろしに対抗、衆院を解散しようとして、結局断念、年末の任期満了選挙で敗北、退陣を余儀なくされた。

三木首相の愛弟子だった海部俊樹首相も総裁選の直前の91年10月、政治改革関連法案が廃案になったことにより「重大な決意」で、衆院解散を断行しようとする。しかし、最大派閥の竹下派が阻止、土壇場で首相の解散権が封じられ、海部首相は続投を断念し、政権を去った。

岸―福田、三木―海部の流れだけではない。74年10月、金権問題で追いつめられた田中角栄首相も衆院解散で局面打開を図ろうとした。

佐藤昭子『決定版　私の田中角栄日記』（新潮文庫２００１年）によると、田中首相がニュージーランドに出発する直前、金庫番でもあった佐藤氏に言い残した言葉は「おい、帰ってきたら解散するかもしれない。用意しておいてくれ」だった。田中氏は首相の座を降りるのではなく、衆院解散・総選挙で乗り切るつもりだった。しかし、解散はできなかった。待っていたのは退陣だった。

追い込まれた首相は解散権の行使で状況を転換しようとする。では解散していたら果たして政権が永らえていたのか、そもそも解散する力がなかったことが退陣につながったのか……、そこらは何ともはっきりしないが、ただ共通項は、つぶれた政権はいずれも解散に打って出ることができなかったということである。

第9章

民主党政権とは何だったのか

——統治能力を欠き自壊した政権だった

政権交代選挙とは何だったのか

２００９年8月30日、日本政治史に新たな一頁が記された。民主党が衆院で３０８議席を獲得して１１９議席にとどまった自民党に大勝、政権交代を実現した。9月16日に鳩山由紀夫内閣が発足した。

ところがそれから3年3カ月後の12年12月、民主党は無残なかっこうで政権の座を追われた。09年の政権交代選挙とはいったい何だったのだろうか。民主党の勝因分析・自民党の敗因分析からみていく必要がある。民主党政権が短命でおわった理由の根っこがそこにあるからだ。

まず指摘しなければならないのは、決して民主党が勝ったのではないという点だ。自民党が負けたのである。ひとりで転んだといってもいい。有権者は民主党を積極的に支持したのではなく、長年の自民党体制に嫌気がさして民主党に投票したとみるべきだろう。

米ソ冷戦の時代、イデオロギー対立の時代には、社会党などが政権を担うのはとても無理なので、その手前で自民党にお灸をすえて懲らしめるという投票行動がしばしばみられた。しかし党幹部たちの顔ぶれをみてもわかる通り、もはや自民党も民主党も考え方においてそれほどの違いはない。自民党がおかしいと思えば、安心して反自民票を投じる環境ができていた。

小泉改革でぶっ壊された自民党は、安倍、福田、麻生とつなぐなかで支持を失うような言動が相次ぎ、支持者の自民党離れをおこしてしまった。とりわけ金城湯池だった地方で荷崩れが生じた。公共事業のカットが効いた。地方で自民党に棄てられたとおもう「棄民」感情がめばえた。

自民党は、1996年からはじまった小選挙区選挙でそれまで4連勝してきた94選挙区で37勝しかできなかった。安倍自民党の07年参院選で一人区が6勝23敗と大敗を喫したときと同じ構図だ。

組織・団体でも自民党離れが進んだ。強力な支持団体だった医師会で茨城県医師連盟が民主党支持に転換し、建設業界や農業団体でも民主党支援の動きが相次いだ。衆院選の出口調査によると、自民党支持者の3割が民主党に投票したとの結果も明らかになった。

鳩山由紀夫

地方、組織・団体に加え、都市部でも自民党は嫌われた。05年の郵政選挙で自民党を支持した無党派層が雪崩をうって民主党に投票した。首都圏（東京・神奈川・千葉・埼玉）の小選挙区をみると05年は自民党が63勝5敗だったのが、09年は9勝60敗と真逆の結果になった。民主党は愛知で15戦全勝、大阪で17勝1敗、兵庫でも10勝1敗と完勝だった。都市部でも自民党は棄てられた。

この背景には制度的な要因もあった。小選挙区制度は得票率に比べて獲得議席の差をよりはっきりあらわす「過剰代表制」が特徴だ。3乗比の法則（キューブ・ルール）といわれるように、二大政党の獲得議席数は両党の得票率の3乗に比例するとされる。

その特徴が09年衆院選でくっきりあらわれた。小選挙区の得票数の比率は自民党対民主党で4対5だが、獲得議席数は1対4・5となった。民主党３０８対自民党１１９は、民主党の勝ちすぎだった。これは自民党が政権に復帰した12年、安倍晋三首相の手による解散の14年、17年の衆院選でも同じ傾向で、自民党の勝ちすぎとなっている。因果はめぐるである。

「自民党をぶっ壊す」の小泉純一郎の5年5カ月、首相1年交代の安倍晋三・福田康夫・麻生太郎の3年をへて、保守合同から54年目にして、万年与党の自民党が自壊現象をおこした。ついに小泉の公約がここに実現した。

小泉が小沢一郎の小選挙区、橋本龍太郎の省庁再編の果実を食べたように、こんどは民主党が小泉の果実を食べたのだった。「政権交代」のことばが民主党への期待とともに広く浸透していった。

選挙戦術も小泉の郵政選挙を逆手にとった。小沢一郎の巧みな演出のもと自民党がその術中にはまった。争点を「郵政民営化、是か非か」と単一に設定したのが小泉だったが、09年は「政権交代」の一点にしぼった。自民党が「政権後退/政権選択より政策選択」で対抗しようとしたが、説明が必要な分だけアピールしなかった。

とくに民主党がマニフェスト（政権公約）をかかげて戦い、街頭演説会場などでもマニフェストの冊子が飛ぶようにはけた。03年の衆院選からマニフェスト選挙がはじまっていたが、09年、民主党はそれを徹底した。マニフェストについての「絵に描いたモチ」といった自民党からの批判に対し、民主党は自民党に対し「腐ったモチ」と反撃した。

有権者は民主党が政権をとることに不安を抱いていたのはたしかだ。それは政権担当後すぐさまあらわれるのだが、当時の気分は自民党への不信感の方が強かった。不信が不安に勝った選挙でもあった。

もうひとつ、郵政選挙で小泉が郵政反対派に放った刺客を小沢は与党幹部の選挙区に「女刺客」として擁立、メディアの話題を一身に集めた。小泉劇場の民主バージョンである。森喜朗、福田康夫、谷垣禎一、久間章生、塩崎恭久、太田昭宏といった面々のもとに小沢ガールズが立候補、なかには番狂わせで当選した候補者も出た。小沢チルドレンといわれた新人議員は143人にのぼり、05年の小泉チルドレンの83人を大きく上回った。

民主党大勝は党の自力・地力によるものではなく、意図せざる小泉のプレゼントだった。それも期待先行だった。期待が裏切られたとき何がおこるか。失望と怒りである。人びとからその記憶が消え去らない限り、再生はないのだろう。

鳩山由紀夫という不幸

民主党政権の失敗はいくつもあるが、まず鳩山由紀夫という政治家を一国の責任者たる首相にしてしまったことである。後世の史家が評価すべきことではあろうが、少なくともジャーナリストからみて戦後最低の首相である。明治からの憲政史上でも間違いなくワーストスリーに入る首相である。政権交代可能な二大政党制をつくるといった点からも、自民党に対抗する強力な野党勢力を結集し健全な議院内閣制を確立するといった点からも、それが水泡に帰した責任のいったんは鳩山にある。

鳩山の失敗は沖縄県の米軍普天間飛行場の移設問題からはじまった。マニフェストには「米軍再編や在日米軍基地のあり方についても見直しの方向で臨む」と書き込んだ。名護市辺野古への移設計画を見直す考えを示していた。加えて民主党代表の鳩山が衆院選期間中に、移設先は「最低でも県外」と訴えた。これが事実上、民主党の選挙公約になった。

民主党が政権をにぎると米側は反発、日米合意にもとづきあくまでも辺野古移設計画を進めるよう強く促した。11月に来日したオバマ米大統領が計画の履行を求めたのに対し、鳩山は「できるだけ早く結論を出したい。私を信じてほしい（トラスト・ミー）」と答えた。

これに対し、消費者相として入閣していた社民党党首の福島瑞穂は辺野古移設となれば連立を離脱する意向を示した。民主党は参院で１０９議席と国民新党の5議席に社民党の5議席を加えないと過半数に届かない現実があり、国民新、社民両党と連立を組んでいた。すると鳩山は連立維持を優先する考えを示し、普天間問題は混迷の度を深めていく。

移設代替地として鹿児島県の徳之島や馬毛島なども候補にのぼるが地元が強く反対、米側の早期結論への圧力も日増しに強まった。結局、鳩山は県外移設の撤回に追い込まれ、社民党も連立から離れた。

その過程で飛びだした発言がある。「学べば学ぶにつけ、海兵隊はじめ沖縄の米軍が連携して抑止力を維持しているとわかった」。これには民主党内も驚きあきれた。トラスト・ミーに抑止力。鳩山の首相としての資質に問題があることが一般に広く知れわたることとなった。

「宇宙人」といわれ、もともと発想や行動が特異なことでは有名だったが、海外メディアからは「ルーピー（間抜け）」と酷評された。

政権を担当したといっても鳩山の上位に幹事長の小沢一郎という権力者がいた。「小鳩政権」とも「鳩山」「一郎」政権とも揶揄された。

小沢の資金管理団体「陸山会」が購入した土地をめぐる東京地検の捜査や、鳩山自身の政治資金問題など、カネ絡みの不祥事も明るみに出た。

鳩山の場合、母親の安子が毎月1500万円の資金を鳩山のために提供、「子ども手当」といわれ物議をかもした。しかもそれを隠すためにすでに死亡した人を寄付者と偽って政治資金収支報告に記載するなど「故人献金」が問題になった。

09年9月の内閣発足時に75％あった内閣支持率は10年5月には22％まで落ちこんだ。人心は完全に鳩山から離れた。7月に控える参院選を鳩山でたたかうのはもはや無理な状況だった。

6月2日、ついに鳩山は緊急両院議員総会で退陣を表明した。あわせて政界引退の意向も表明した。ところがしばらくして引退発言を撤回する始末だった。

小沢は08年、福田との大連立構想が不調におわったあと、大連立に動いた理由について民主党は政権を担う準備ができていないことを挙げたが、まったくその通りだった。鳩山の資質はもちろんのこと、民主党に政権を担う準備と自覚が不足していたことはこのあと次々と明らかになっていく。民主党政権の自壊は、政権誕生の時点からはじまっていた。

菅直人という不運

鳩山の退陣表明の翌々日の6月4日には菅直人を党代表に選出、8日には新内閣がスタートした。菅もまたリーダーとして場当たり的な対応をしてしまう。参院選での消費税10%発言がそうだ。唐突に記者会見で切り出した。政府・与党内の調整などないままで、小沢をはじめ党内から反対論が相次ぎ、消費税率を引き上げた場合の低所得者対策で発言がぶれるなど、有権者の不信感を募らせる結果となった。

菅　直人

選挙は惨敗だった。改選議席を10へらして44議席にとどまった。野党自民党は38議席から51議席に伸ばし、与党は参院での過半数を割り込んだ。次の野田内閣も苦しめることになる「衆参ねじれ」となった。

党代表の鳩山の残りの任期がおわったため9月には代表選となり、菅は小沢一郎との一騎打ちを制し、「脱小沢」で菅内閣がつづいた。

そして11年3月11日午後2時46分。東日本を巨大地震がおそった。不運としかいいようがないが、民主党の統治能力のなさが一気に表面化、混乱を極めることになった。

激しい揺れのあとに襲った大津波。ＮＨＫのカメラがとらえた東北地方の映像は恐ろしい事態の発生を告げた。東京でも交通網が寸断され、帰宅困難者がターミナル駅にあふれた。

それにとどまらなかった。東京電力福島第一原子力発電所で深刻な事態が進行していた。津波のため、冷却装置を稼働させる非常電源装置が使えなくなってしまった。福島第一原発は制御不能な状態になった。政府は原子力緊急事態を宣言した。

国家の危機である。有事である。そのときトップリーダーはどう対応するか。そこが問われた。はたして菅に合格点を与えられるかである。

大震災の翌日12日早朝、菅は陸上自衛隊のヘリコプターで福島第一原発を視察した。15日には政府と東電の事故対策統合本部が設けられ、菅は東電本店に乗り込んだ。菅が東電首脳を怒鳴ったというのはこのときのことだ。

かつて経験したことのない大災害である。政府は混乱し、危機管理能力の低さへの批判が高まった。大震災の前からくすぶっていた「菅おろし」の動きが加速した。

6月に事態は転回する。1日、自公両党は内閣不信任決議案を提出した。これに呼応して、民主党内の小沢一郎のグループに造反の動きが出ていた。内閣不信任案が可決されるかどうか、きわどいところまで来ていた。

衆院本会議での2日の不信任案採決の直前、菅と鳩山が会談、3項目の「確認事項」と題した覚書を取り交わした。

1、民主党を壊さないこと

2、自民党政権に逆戻りさせないこと

3、大震災の復興並びに被災者の救済に責任を持つこと

菅は代議士会で「大震災への取り組みに一定のメドがついた段階で、若い世代に責任を引き継いでいただきたい」と述べた。だれもが退陣表明と受け止めた。鳩山は2次補正予算にメドがついた段階で、菅が退陣する意向を示したものだと説明した。内閣不信任案は否決された。その直後の日経新聞のコラム「核心」（6月6日付朝刊）に民主党論が集約されている。

この国をどうする気ですか――民主党政権「失敗の本質」

民主党という政党は、この国をどうしようとしているのだろうか。党内で、もめごとば

かりおこし、ものごとは決まらず、さっぱり前に進まない。一国のリーダーだった人が、後任者をペテン師とまでののしり、「言った」「言わない」と小学生もびっくりするような内輪もめをくり広げる。

野党時代ならいざしらず、とても政権を担っている政党とは思えない姿だ。政治の劣化がどんどん進んでいく。

どうしてこんなことになってしまったのだろうか。2009年9月の政権交代からまだ2年もたっていない。時期はともかく、じきに3人目の首相が誕生する。ここはひとつ、民主党政権にみる「失敗の本質」を考えてみる必要がある。

旧日本軍の失敗の事例研究をつうじて、共通する問題点を明らかにし、今日につづく組織の教訓を読みとる『失敗の本質』(戸部良一ほか著)。今や古典となった本を本箱の奥から引っぱり出して、めくってみた。

失敗の要因を分析している中で、今の民主党に通じるものがあった。戦略目的が定まっていないと、必ず失敗するという指摘だ。

以前の民主党には、はっきりした戦略目的があった。一言でいえば、自民党政治の否定だ。1955年の保守合同からつづいてきた自民党による支配体制を打ちくだくのが民主党のよって立つところだった。

09年総選挙で、民主党は大勝し、政権を樹立した。目的が達成された。では、それからの戦略目的となると、これが定まっていない。かつての自民党のように「政権の座についていることが政権の目的」といった割り切りもできていない。

マニフェストにかかげた「政権交代。」のキャッチフレーズがいみじくも示すとおり、政権交代のあとは句点だ。そこで終わり、その先がないのである。

組織運営にも問題がある。政権担当とは、国家を動かしていく責任を持つことだが、それには当然、統治の技術もいる。ところが、民主党政権の空回りはつづいている。

政治主導の旗はいいとして、あやまった理解で官僚を排除し、官僚組織を機能停止におちいらせた。今回の大震災の対応が後手に回ったひとつの理由がそこにあるというのは、かねて指摘されているところだ。

なぜだろうかと目をこらしてみると、幹部クラスに組織運営の経験のないメンバーが多いことがあげられる。市民運動家、弁護士、松下政経塾といった出身者は、組織とは別の世界で育ってきた人たちだ。人前で解説・説明することには、たけていても、人を動かす人情の機微にはうとい。

不思議で仕方がないのが、事前の根回しなどなしで、いきなり会議でものごとを決めようとすることだ。どんな小さな組織でも、事前に、うるさ型や利害関係者には耳打ちし、時には肩ももんで、スムーズな着地をめざすものだ。根回しなど否定すべき古い自民党政治ということらしいが、組織運営の知恵に欠けていると言わざるをえない。

リーダーの問題も見逃せない。野党勢力を使いながら、菅直人首相をぎりぎりまで追い込んだ小沢一郎元代表。首相をそしる鳩山由紀夫前首相、知らぬ顔の半兵衛を決め込む首相。ほとんど内ゲバ状態だ。自民党という外の敵を倒したあとの戦略目的は、内なる敵をつぶすということか。

資質にも疑問符がつく。自らの発言を方便と言ったり、引退すると言っては否定したり、怒鳴り散らしたり、独断専行で決めてしまったり……。政治指導者としての教育訓練が足りなかったのだろう。

09年9月、政権交代で日本にもいよいよ二大政党を軸とする政治の幕が開くとの期待がふくらんだ。戦前、1924年から32年までつづいた政友会と民政党による政党政治に似た新たな時代の到来の予感だった。

ところが鳩山内閣は9カ月であえなく倒れた。菅内閣も1年で限界をむかえている。惨《さん》憺《たん》たるものである。

小泉純一郎内閣のあと、安倍晋三、福田康夫、麻生太郎と自民党内閣は1年交代だった。それも考えあわせると、むしろ、国家が滅ぶ日米開戦に突き進んでいった37年以降の内閣である、林銑十郎（在任期間4カ月）、平沼騏一郎（8カ月）、阿部信行（5カ月）、米内光政（6カ月）のころに似ているかもしれない。

ここで踏みとどまるためには、どうしたらいいのだろうか。まず民主党がこれまでの「失敗の教訓」から戦略目的をしっかり固め、今からでも遅くないから国家の統治をうまくやることを学ばなければなるまい。

民主党のトロイカは危なくて、とても乗ってはいられない。早く新しい馬車に乗り換えた方がいい。

衆参ねじれの状況は何も変わっていない。今のままなら法案は成立しないのだから、政策を調整し実行する与野党の枠組みを考えなければならない。

政策テーマごとの部分連合なのか、衆院解散・総選挙を見すえた期間限定の大連立なのか、形はともかく何か手を打つ必要がある。

解釈をめぐって、大もめとなった首相と鳩山氏が取り交わした3項目の確認事項の1項目は「民主党を壊さないこと」とある。
ぜひ、4項目にゴシックで書き加えてほしい。
「この国を壊さないこと」

菅は、ねばった。正式に退陣表明したのは8月26日だった。菅政権とは何だったのか。評価はそのときの日経の社説（8月26日付）に尽きる。

権力の真ん中で「市民運動」続けた菅首相

菅直人首相がいよいよ退陣する。6月2日の民主党代議士会での退陣表明から、もうじき3カ月。異常な事態に、いちおうのケリがつく。

小泉純一郎首相のあと、ほぼ1年交代だった自民党の安倍晋三、福田康夫、麻生太郎の各氏。政権交代からわずか8カ月半で首相の座を去った鳩山由紀夫氏。それに比べると、30日に交代するとして在任449日は、けっこう長い。

現行憲法下での30人の首相の中では、森喜朗氏を抜き、故大平正芳氏に次いで19番目だ。それにしても毎年、首相が定期異動のように交代するいびつな政治がつづいている。

「脱」で世論の支持狙う

残念ながら、菅首相の政権運営に高い評価は与えられない。円高は歴史的な水準で推移し、株価は低迷、電力の供給不安から産業の空洞化への懸念が強まる。沖縄の米軍普天間基地の移設で何の進展もなく、昨年9月の尖閣諸島沖での中国漁船衝突事件でも外交力の弱さを見せつけた。

もちろん最大の問題は3月11日の東日本大震災の発生で、東京電力福島第1原子力発電所の事故をはじめ、その対応に追われたわけだが、みるべき成果が思い当たらない。対応のまずさばかりが目立った。

なぜだろうかとふり返ると、政治手法に問題があったことが指摘できる。権力のど真中にいても、権力をチェックする役割である市民運動の行動様式をつづけ、統治側のトップになれなかったとみえるからだ。

菅首相の政治手法の特徴は「脱」にある。3つの脱だ。脱とは、既成のものをチェックし、取り除き、のがれる現状否定の考え方である。

まず「脱官僚依存」を徹底したのが1つ目。次は福島原発の事故を受けて打ち出した「脱原発依存」だ。もうひとつ、やや角度は異なるが、党運営での小沢一郎元代表を排除する「脱小沢」路線もある。

脱官僚依存は、自民党政権下で官僚が主導してきた統治の仕組みを改めて、国会議員が中心となり、内閣主導でものごとを決定していこうという政治主導の考え方だ。それは決して間違っていない。

ところが、官僚排除に動いてしまい、官僚組織の機能を大きく低下させた。運用の失敗である。大震災のあと、政府の対応が後手に回ったひとつの理由だ。

脱原発依存も結局、首相の「個人的な考え方」になってしまった。5月に中部電力の浜岡原発の全面的な運転停止を求め、7月にはさらに原発依存からの脱却と、原発のない社会の実現にまで踏み込んだ。

しかし、閣内からも異論が相次ぎ、内閣としての方針は「減原発」におちついた。首相の言動が政府・与党を戸惑わせ、経済界に混乱をもたらす結果となった。

なぜ脱路線なのか。それは世論の支持が得られるとの読みからである。脱官僚にしても脱原発にしても、脱小沢にしても、みなそうだ。

市民運動家としてのしあがってきた首相は、常にメディアがどう取り上げ、有権者がどんな反応をするかに関心がゆき、それが政治判断の基準になっている――首相のもとで政権運営に当たったある党幹部が分析する通りだ。

政権運営にも市民運動家の思想と行動を持ち込んだ、といえる。

もうひとつ、首相の政治手法の特徴は、次から次へと政策の課題設定を変えていくことにある。昨年7月の参院選では、消費税の引き上げであり、次は環太平洋経済連携協定（TPP）への参加であり、大震災のあとは脱原発である。

統治の機能不全を招く

財政や社会保障の将来を展望すれば負担増大は避けがたく、消費税改革の旗は間違っていない。だが選挙に敗れると、とりあえず旗を巻く。

TPPにしても方向性は正しいのだが、党内をはじめ関係団体などからの強い反発にあうと、腰が引ける。こうしたテーマを実現していくためには、反対派の説得など周到な調整なしに、うまくいくわけがない。

政治リーダーに必要な情熱と責任感と判断力が、菅首相にはどこまであったのだろうか。

浜岡原発の運転停止や脱原発依存も、手続きなどお構いなしに発信する。組織を動かす発想ではない。常に動いていることで組織の求心力を維持する運動体の発想だ。ここにも市民運動家の顔がのぞく。

忘れてならないのは、昨年の参院選での敗北で衆参ねじれ状況となった中、法案処理への与野党の枠組みを最後までつくることができなかった点だ。政策実現にスピード感がなかったもうひとつの理由である。

民主党は鳩山政権で安全保障問題を危うくし、菅政権で統治の機能不全を招き、政治不信を助長した。今回の代表選を通じても変化がなければ、次の総選挙で有権者が突きつけるのは「脱民主」だろう。

民主党政権とは何だったのか

第1は、民主政権「失敗の本質」のコラムで述べたように、政権を獲得することが政権の目標、つまり自民党政権を倒すことが政権の目標で、その先がなかったことだ。マニフェストの「政権交代。」の通りで、政権交代で句点だった。

自民党政治の否定だけで、民主党は何をやろうとしているのかが見えないままだった。その点、自民党は政権を維持することが目的の政党で、政権の座についているためだったら何でもありの政党だ。水と油といわれた社会党と組んで自社さ政権をつくったのがいい例で、以前は厳しく批判していた公明党とも連立をつづけている。

第2は、組織運営に失敗したことだ。すでに触れたように鳩山由紀夫は組織人とは縁遠い人で、菅直人も市民運動家である。官房長官だった枝野幸男や仙谷由人は弁護士だ。中核メンバーには松下政経塾出身者がずらりと並ぶ。要は組織を動かしたことがない面々が政党組織を動かそうとした。

鳩山のようなリーダーシップの欠如だけでなく、それを支えるフォロワーシップもまた欠けていた。会議でも言いっぱなしのままで、どこまで行ってもまとめることができなかった。会議を開いて議論してお開きになって、次の日もまた同じように一から議論しておわるというように堂々巡りをつづけた。

自民党のお家芸だが、もませるだけもんで、最後は議長や幹部に一任するという技を身につけていなかった。立ち技だけで、根回しなし。政党として、政治家として、未熟な集団だった。

第3は政権運営の戦略が欠如していた。政治主導に完全に失敗した。新たな政官関係をつくるとして、「脱官僚」の方針を鮮明にした。自民党政治が官僚主導でそれを改めていくねらいは悪くはなかったが、官僚を排除して大臣・副大臣・政務官の「政務三役会議」ですべての物事を決めようとした。その結果、官僚との関係がぎくしゃくして、官僚のサボタージュを招いた。

官僚をはずすあまり、政務官が自ら電卓をたたき資料をつくったなどと驚きあきれるような話をさも自慢げに披露する民主党議員もいた。官から上がってくる情報をチェックしながら、判断するのが政の役割で、いかに官をうまく使うかがポイントだということがわからないままだった。新たな政と官の関係による政策決定の仕組みが最後まで整わなかった。

こうした失敗の背景には、民主党としての綱領がなかったことでもわかる通り、統一理念がなかったことがあげられる。

鳩山由紀夫の「友愛政治」は道徳主義・精神主義で、意味不明だった。菅直人や旧社会党・旧民主党系は、社会民主主義的な考え方だった。岡田克也、野田佳彦らの自由主義者は、自民党でいえば池田勇人の系譜の宏池会の流れに近いものだった。小沢一郎はもともと田中・竹下政治の流れで、地域重視の保守主義だった。もしくは政治理念へのこだわりは薄く、政治を権力闘争とみる典型的な権力政治家だった。

自民党は保守の一点でまとまっている包括政党（キャッチ・オール・パーティー）だったが、民主党はどこまで行っても「アンチ自民」でしかまとまりようのない政党だった。

経済面では、自民党が地方公共団体や業界団体など団体を通して公共事業や補助金で所得再分配していく個人への間接支援型なのに対し、民主党は中抜きで団体を飛ばして直接、家計に給付する直接支援型だった。手当による所得再分配だった。子ども手当、公立学校の無償化、高速道路料金の段階的無料化、農家の戸別所得補償などがそうだ。

「コンクリートから人へ」へのキャッチフレーズにみられるように、自民党が「生産が第一」の生産者優先主義で成長戦略は供給側に重点があったのに対し、民主党は「生活が第一」の消費者優先主義で成長戦略は需要側に重点があった。良し悪しは別にして、いちおう筋は通っていた。

致命的だったのは財源問題である。マニフェストを実現するためには7兆円から17兆円が必要なのに消費税を向こう4年間引き上げないとした。事業仕分けなど行政の見直しでできるわけがなかった。そこを自民党に攻められたが、非現実的な政権公約には有権者の視線も厳しさをましていった。

野田対小沢、またも小沢で党が崩れていった

2012年8月26日の菅直人の正式な退陣表明を受けて、民主党代表選が告示され、29日の両院議員総会で決選投票の結果、野田佳彦が海江田万里をくだして代表に就任した。野田内閣

野田佳彦

が発足したのは9月2日だった。

海江田を推したのは小沢一郎だった。代表選は小沢対反小沢の戦いでもあった。そのあとそれがもっとも先鋭なかたちであらわれたのが消費税の税率引き上げ問題だった。党内が真っ二つに割れた。小沢グループの離党に発展、さらには衆院選で惨敗し政権の座をおりることにまでつながった。

「いまあらためて学ぶべきは、大平正芳さんの政治のあり方ではないか――私は最近、とみにそう思うようになった」。野田は月刊誌「Ｖｏｉｃｅ」の11年10月号でこんな風に書いた。一般消費税の導入をかかげて選挙戦にのぞみ、大平が敗北を喫した１９７９年10月の衆院選を例に挙げながら「大平さんは、世論に迎合するのではなく、世論を導こうとした」「やらなければならぬことを国民にきちんと説明し、理解してもらおうとした気概には、大いに学ぶべきだ」とその政治姿勢を高く評価した。

野田は大平をモデルに中央突破をめざした。「社会保障と税の一体改革」というかたちにして、むき身で増税をテーマにするのではなく、社会保障と関連づけることで有権者の理解を得ようとした。

これに立ちふさがったのが小沢グループだった。「増税はマニフェスト違反だ」「景気に配慮して増税実施時期には幅を持たせるべきだ」……。

野田は「苦しくても逃げてはいけないテーマだ。今われわれが逃げたらこの国はどうなるのか」と訴えた。離党者を出しながらも押しきり、とりあえず基本方針の党内了解をえた。

しかし消費増税法案を国会に提出して審議がはじまると党内の反対論は一段と強まり、党の役職を離れる議員も相次いだ。野田らは自民党に働きかけ、民主・自民・公明の3党で社会保障と税の一体改革関連法案の修正で合意した。

6月26日の衆院本会議での法案採決では、小沢をはじめ57人が反対、15人が欠席・棄権と72人が造反した。小沢は7月11日、新党「国民の生活が第一」を旗揚げし、自ら党首についた。小沢と行動をともにしたのは若手中心で、衆院議員37人・参院議員12人だった。消費税で民主党が分裂した。

その直後の12年8月6日付の日経のコラム「核心」に掲載した小沢論である。

小沢一郎という人生――不信と服従の心理学

やはり稀《まれ》な政治家である。「国民の生活が第一」を旗あげした小沢一郎代表のことだ。なんど政党を壊しては創ってきたことか。いったい破壊者なのか、創造者なのか。

集まり散じて人が変わるのは世の常とはいえ、側近が信頼を失い、いつの間にか離れていく。一方でチルドレンやガールズといった新たな信奉者があらわれてくる。拒絶と服従が交錯する人間模様がそこにある。

小沢政治の基本は「政治は数、数は力」である。権力をにぎるのが目的のようにみえる。ただ、権力闘争に理念や政策のはっぴをまとうのも忘れない。その深層には何があるのか。小沢一郎という人生を考える。

政治社会学の栗原彬・立教大名誉教授の分析手法を借りながら、2本の補助線を引いてみる。(1)個人のパーソナリティーがどのように形成されていったかが、政治家になってからの行動を左右する(2)個人的な生活史の中から政治スタイルができあがっていく――という生い立ちの曲線だ。

栗原氏によると、パーソナリティーの形成で、まず影響を及ぼすのは母親である。濃密な母子関係が、そとの世界との信頼感につながる。母性の欠落は他者への不信感となりやすい。

次に出てくるのが父親との関係だ。父との接触を通じ、自らを律する能力を学ぶ。父親不在は、わがままで自分の感情を抑える能力に欠け、同時に、父親にいい子であろうとする服従の様式をうえつけやすい、という。

小田甫著『小沢一郎・全人像』によると、父・佐重喜氏は岩手県水沢市（現・奥州市）の出身で、苦学して日大夜間部を卒業し、25歳で弁護士になった。東京市議、府議を経て、１９４６年、故郷から出馬、衆院議員に初当選する。

42年、東京・下谷で長男として生まれた一郎氏は45年、水沢に疎開する。国会議員になると、父は東京に住むようになり、離ればなれの生活がつづく。

母・みちさんも「東京との往復で、共に過ごす日は少なかった」と『全人像』が指摘するように、母子ともに寂しいものがあったにちがいない。

自著『語る』で「おやじは昔ながらの男で、女房なんか構わない方だった。そのうえ女房に選挙運動までさせた。だから……母親に対する同情という気持ちがものすごく強くて、母の死は余計に悲しかった」と述べているくだりがある。

父の選挙のために母をとられてしまった子どもの切ない思いが伝わってくる。しばしば垣間みえる小沢氏の他者への不信感には、満たされなかった母性が影響していないかどうか。

父親については「幼児期、少年期に他の友達のような父との生活の思い出はほとんどない」と追想しているほどで、父性の欠落がみてとれる。

再び『全人像』によると、中学進学で水沢小から東京教育大（現・筑波大）付属中を受験して失敗、中学3年で東京・文京区立6中に転校し都立小石川高に進学、大学入試で東大、京大を受験し失敗、慶応から日大大学院に入学して司法試験に挑戦……というコースには、自分のような苦労をさせたくない父親の思いがにじんでくるようだ。

それはまた、父の期待にこたえようとする、けなげな息子の姿も映す。他者に自らへの服従を求める根っこはここにあるのだろう。

そして第2の父があらわれ、政治スタイルを学んでいく。「おやじ」と呼んだ田中角栄元首相である。

司法試験の途中で父親が亡くなり、田中幹事長（当時）の門をたたく。実社会の経験がないまま、総選挙に出馬し27歳で初当選。「田中の秘蔵っ子」として、政界エリートになる。

組織のモデルは「一致団結箱弁当」と鉄の結束を誇った田中派である。二重権力で裏から支配する得意のリーダーシップも、闇将軍といわれた元首相ゆずりだ。選挙至上主義も、数の論理もそうだ。

次をつくらないところも田中モデルである。「彼（元首相）の欠点は、どうしても後継者をつくろうとしなかったことだね」（『語る』）と評しているが、それは自らに、はねかえる言葉である。進言したり、忠告したりした人間を遠ざけるのは、自らの地位を脅かしかねない存在への拒否反応といえる。

政治手法で忘れてはならないのが、権力闘争を生き延びるための先手戦略である。自民党竹下派の分裂からはじまって、新生党、新進党、自由党、民主党との合併と、みなそうである。生き残りに先手を打とうとする意識の底には、91年に心臓病で倒れたことがあるのかもしれない。

構想に先見性があったのも事実だ。小泉純一郎首相の構造改革は、もともと小沢氏が『日本改造計画』でかかげた改革の旗だった。２００７年の参院選後の自民党との大連立構想も、思えば今回の民主・自民・公明の3党合意の枠組みだ。

では、反消費増税などアンチの旗をかかげたこんどの新党に、先見性はあるだろうか。

不信と服従の様式を持つパーソナリティーのうえに、政治の父のスタイルが乗った特異な政治家。この20年、良くも悪くも日本政治を動かしてきた。現在70歳。裁判もつづく。人生70古来稀なり。残された時間はそう長くない。

野田は8月8日、自民党総裁の谷垣禎一、公明党代表の山口那津男との党首会談での3党合意で、「近いうち」解散を約束して法案の成立に道筋をつけた。「近いうち」は11月16日になった。前々日の党首討論で、谷垣から代わっていた安倍晋三総裁に「あさって解散します」と明言、12月16日投票の選挙戦に突入、民主党は惨敗し、政権の座をおりた。

3年3カ月の民主党政権下で印象づけたのは、統治能力がなく内輪もめばかりしているお粗末な政権政党の姿だった。

そして安倍の時代がやってきた。

第10章

第2次安倍政権とは何なのか

——失敗を糧に経済を重視、官邸主導を確立した政権

「日本を、取り戻す。」――自民党は公約通り、政権を取り戻した。２０１２年12月16日投票の衆院選で、自民党は２９４議席を獲得、公明党の31議席とあわせて与党で３２５議席と、総定数の３分の２である３２０を上回る地滑り的な勝利をおさめた。

12月26日、安倍晋三総裁が第96代の首相に選出されて再び自公連立政権が発足した。それから13年7月の参院選、14年12月の衆院選、16年7月の参院選、17年10月の衆院選と安倍自民党は5連勝をつづけた。

15年9月の自民党総裁選では無投票で再選され、18年9月の総裁選では石破茂・元幹事長をくだし総裁3選をはたした。任期は21年9月までの3年間。このままいけば安倍首相の在任日数は第1次政権の1年間も加えると、19年2月には吉田茂、6月には伊藤博文、8月には佐藤栄作、11月には桂太郎を抜いて憲政史上最長となる。

5年5カ月の小泉政権のあと6人の首相が1年前後で交代してきたなかで、なぜここまでの長期政権になったのか。10の理由をあげたい。それを指摘することでおのずと第2次安倍政権とは何なのかの答えを示すことになるはずだ。

長期政権、10の理由

1番目は、1年間でおわった第1次政権の失敗を糧《かて》にしたことだ。第8章で1次政権について「理念先行で空回りした政権だった」「政治主導の仕組みをうまく使えなかった政権だった」との見方を示したが、2次政権は理念より現実、ことばをかえると保守の政治思想より生活＝経済に重点をおいた政策展開をめざした。

政治主導の仕組みも1次政権のときのようにばらばらではなく、菅義偉官房長官―杉田和博官房副長官（事務・警察庁）のラインで各省ににらみをきかせ、名実ともに官邸主導の行政を確立した。

安倍晋三（第二次）

そこには、首相補佐官で内閣広報官の長谷川栄一（経産省）、首相秘書官・政務担当の今井尚哉（経産省）、内閣情報官の北村滋（警察庁）らを中核とする「安倍チーム」の面々がささえ、各省を「指導」する態勢ができあがった。外交でも安倍の信任が厚い谷内正太郎国家安全保障局長を司令塔とする態勢が整えられた。かれらを称して「官邸官僚」ということばまで生まれた。

すでに述べてきたように、小沢による小選挙区と橋本による省庁再編をうまく使ったはじめての首相が小泉純一郎で、2人目が安倍だ。

もうひとつ付け加えておくと、首相番記者によるぶら下がり取材に応じなくなったことも1次政権の反省からくるものだ。小泉前首相がワンフレーズ・ポリティクスでマスメディアを使ったのに対し、安倍は当時、記者団との臨機応変の対応が巧みではなく、小泉と対比されてマイナスでしかなかった。そこで2次政権ではフェイスブックやツイッターによる1対多の情報発信に切りかえた。

2番目は、安倍が08年の退陣直後の記者会見で明らかにした健康問題だ。第1次内閣が短命におわったひとつの理由が安倍の体調によるところが大きかった。安倍自らが認めているように新薬「アサコール」によって病気をおさえることができた。

14年12月1日、衆院選を前にした日本記者クラブ主催の党首討論会で次のように述べている。

「健康問題については、私はいままでの生涯の中で一番健康だと思っております。持病の潰瘍性大腸炎というのは、これは中学を卒業するころからずっと悩まされてきたわけでございますから、画期的な新薬で、これは無事、いま元気に、全く問題がなくなったわけでございます。だからこそ難病対策に私は力を入れているわけでありますが、私の『総理の一日』をみていただければ、元気にやっているということをご理解いただけるのではないかと思います」

3番目は、アベノミクス効果である。保守の理念より現実の生活の最たるものだ。金融緩和・財政出動・成長戦略をアベノミクス3本の矢としてかかげ、日本経済の再生を政権の目標にすえた。1次政権のときのように宿願の憲法改正を前面に押し立てるのはやめた。経済に取り組むことを中心にすえることを明確にした内閣は、所得倍増の池田勇人以来だった。

民主党政権下では、円高・高い法人税・電力供給の不安・自由貿易協定の遅れ・環境規制の強化・過剰な労働規制の6重苦がいわれていた。

就任直後に標的にしたのは日銀だった。白から黒へ、白黒をつける――金融緩和に慎重な白川方明からリフレ派の黒田東彦へと総裁を交代させ、内閣の方針を内外に明らかにした。

希望の党の小池百合子東京都知事の「失敗」による17年の衆院選をのぞいて、12年、14年の衆院選、13年、16年の参院選と4度にわたる国政選挙での自民勝利をもたらした背景には、経済最優先の課題設定への有権者の評価があった。

経済環境も追い風だった。景気は、2次政権発足直前の12年11月を底に緩やか回復局面にはあったからだ。アベノミクスは円安株高を誘導する政策で、輸出関連を中心に企業業績は大きく改善した。

ただ黒田日銀総裁が目標に掲げた物価上昇率2%はなお達成できていないし、政府が旗をふった3%の賃上げには程遠く、多くの消費者にとっては景気回復の実感に乏しい。2度にわたる消費増税の延期で財政健全化の目標も先送りを余儀なくされ、アベノミクスの限界も指摘されている。

4番目は、目先をかえながら、左向きで統制経済的な政策展開が特徴だ。地方創生、一億総活躍、働き方改革、人づくり革命と常に新たな政治課題を提示していく。振りかえってみるとそれぞれのテーマがどこまで達成されているのかははなはだ疑問だ。何をやったかではなく、常に何かをやっていると思わせる「やってる感」(御厨貴・東大名誉教授)で政権がもっているといわれるゆえんだ。あるエコノミストは「焼き畑農業」と評している。

保守派の政権ながら、政策が左側、中道リベラルの側を向いている点こそ政権延命の肝である。野党的な考え方を先取りして、無党派層を取りこむねらいがみてとれる。安倍が単なる理念型ではなく現実主義者とされるゆえんだ。

これは政治学のセオリー通りで、きわめて合理的な行動だ。米政治学者アンソニー・ダウンズの「二大政党制のもとでは左右両党はそれぞれが獲得する票の最大化をめざし、いちばん票がある中央に寄ってきて、中道政策を採用するようになる」という収れん仮説にあてはまる。

3％の賃上げ要請や働き方改革にしても、統制経済的な色合いが濃いのも無視できない点だ。統制経済を主導した商工省の革新官僚だった祖父岸信介のＤＮＡなのか、首相の周りを固め政策を主導している経産官僚の体質によるものなのか。吉田茂の流れをくむ保守本流の宏池会や経世会とは肌合いが違う。

5番目は、妥協を好まず、味方と敵を峻別する政治姿勢だ。谷垣禎一・元自民党幹事長は「安倍さんはカール・シュミットのいう友敵理論の人」と周辺に漏らしていた。

ナチスの理論的な支えにもなったドイツの思想家であるカール・シュミットが「政治的な行動や動機の基因と考えられる、特殊政治的な区別とは、友と敵という区別である」（『政治的なものの概念』１９３２年／田中浩・原田武雄訳・未来社１９７０年・15頁）というように、政治的な味方と敵を峻別する点がたしかに安倍にはある。

とくに07年の首相退陣後も安倍のもとから離れず、支えたメンバーを大切にする。手のひら返しをして去っていった人間がおおぜいいたなかで、そうではなかった人間こそが信頼・信用に足るということを痛感した。友敵の判断基準の背景には、そうした自らの挫折の経験があった。

友は徹底してかばうが、敵は攻撃の対象であり、せん滅しようとする。敵を中間派にして取り込んでいくような田中角栄的な発想はない。新聞をはじめメディアへの対応もまた同じだ。自民党政治のど真ん中に長い間いた田中・竹下派の集団は、妥協しながらの合意形成を得意としてきた。その良し悪しは別にして、野党に対しては一歩引きながら、ある時は丸のみしながら着地点を探るやり方だった。田中・竹下派は無思想だからできたといえる。判断の基準は世論がどう反応するかだった。

その点、安倍政権は特定秘密保護法にしても集団的自衛権の行使容認、共謀罪にしても、妥協をすることなく世論の批判を甘受しながら突っ走った。

小選挙区制のもとで派閥の力が落ちて党執行部が強くなり、内閣主導の省庁再編で首相官邸が実権を持ったこともある。官邸は党執行部と話をつければ、派閥など気にすることなく政権運営ができる。とくに国政選挙での連勝で安倍1強体制ができあがったのが大きい。しかも民主党が瓦解して野党も弱体化、国会での追及なども以前ほど気にする必要がなくなった。

安倍の政治行動を考えるとき、2人の祖父の存在を抜きにして語れない。そんな視点でまとめた日経のコラム「核心」（2014年2月17日付）があった。

もう一人の祖父・安倍寛——行動の源流はここに

人間の性格というのは、なんとも不思議なものである。生まれ育った環境のなかで形づくられるのだろうが、祖父母や両親、子や孫をみていると、どうもそれだけでは説明がつかない。一緒に生活していないのに言動や立ちいふるまいが、なぜか似ていることがあるからだ。

「安倍晋三首相の思想と行動」はどうだろうか。たしかに思想は身近な存在だった母方の祖父である岸信介・元首相の影が見てとれる。だが行動は、つかみどころがなく「両岸」といわれた岸と違い、かなり筋っぽいところがある。

それがどこから来ているのか。晋三首相の源流を探ろうと、父晋太郎・元外相の父親で、もう一人の祖父である寛《かん》・元衆院議員の軌跡を追った。

安倍寛は明治27年（1894年）、日本海側の山口県大津郡日置《へき》村（現長門市）に生まれた。萩中学、四高をへて、東京帝大法学部を卒業し、ほどなく故郷にもどり政治家をこころざす。

昭和3年（1928年）33歳のとき、普通選挙法が成立してはじめての衆院選に山口1区から立候補した。日立製作所の生みの親で政友会の大立者だった久原房之助（萩出身）らに果敢にいどんだ。しかし、落選の憂き目にあう。

昭和8年、39歳のとき日置村長になり、それから亡くなる21年1月まで村長をつとめた。当時は兼職が認められており、10年には山口県議に当選。そして12年の衆院選に無所属で立候補し、初当選を果たす。

そのとき掲げた旗印が「新興政治勢力の結集」。政友会、民政党の既成政党を痛烈に批判した。同期の当選者に三木武夫・元首相、赤城宗徳・元農相がいた。

寛にふれて、岸は「三木にしても赤城にしても彼の子分だよ」「若い代議士を集めてうごいていた親分的な男でした」「〝今松陰〟と称せられた気骨のある人」と述懐する（『岸信介の回想』）。

赤城は「病身だが気性が激しく、今高杉（晋作）と呼ばれていた。人に感謝し、〝人に祈る心〟がなくては人間はダメだと言っていたが、わたしは彼と一番親しく兄弟みたいにつき合っていた」と思い出を語る（『私の履歴書』）。

「昭和の吉田松陰」とも「今高杉」ともいわれたところをみても、寛は思うことを曲げずに突きすすむ径行の人だった。

12年からつづく日中戦争をめぐり13年、近衛文麿首相が「国民政府を相手にせず」との声明を出したのを批判。当時の雑誌『東方公論』の14年1月号への寄稿でも「国民を総力戦に動員し指導するには、近衛内閣には、一段強固なる覚悟が必要となる」と時の内閣に距離を置く姿勢を示した。

東条英機内閣のもとでの17年の翼賛選挙では、大政翼賛会に反対する非推薦で戦い、激しい選挙干渉をはねのけて再選。三木武夫とともに戦争終結をめざす研究会をつくり活動する。

「姿かたちがそれはすてきな人でしたよ。……それ以上に、言動が本当に立派だと思いました。……いまのこの戦争は、日本人のとるべき戦争ではないのだと、もっと平和でなければならないのだということを、一生懸命説いていらした」と三木の睦子夫人が回顧している（『岩波ブックレット867』）。

三木にとって寛は同志だった。49年6月、参院選遊説の途中、田中角栄内閣の副総理・環境庁長官だった三木はわざわざ山口県油谷《ゆや》町まで足をのばし、寛の墓参りをした。同12月に発足した三木内閣で晋太郎を農相に起用したのも友情からとささやかれた。

寛はまちがいなく一本筋の通った反骨の政治家だった。晋太郎は父親を生涯誇りに思い、演説会などで「岸信介の女婿」と紹介されると「安倍寛の息子」と小さくつぶやいていた（安倍洋子著『わたしの安倍晋太郎』）。

しかし、21年、戦後第1回の衆院選への準備をすすめている最中、急死する。享年51歳。晋太郎は東大在学中だった。29年生まれの晋三首相はもちろん生前の寛を知らない。

地元の江原清・元日置町長（5年生まれ）に寛の話を聞いた。

「それは能力があり、優秀な村長じゃった。美男子で、すらっとした威厳のある人じゃった。祖母は、安倍寛が歩くと銀座の柳もなびく、というちょった。安倍寛を知っちょる年寄りたちは、晋三さんは寛に似ちょるという。筋を通すところがそうじゃ」

『岸信介証言録』などの著書がある原彬久・東京国際大名誉教授は、寛と岸を次のようにみる。

「二人は、岸がサイパン陥落（19年）で反東条に動き、東条内閣総辞職で帰郷したところで関係を深める。安倍寛は信念の人、清廉潔白、思ったらいちず。岸は執念の人、目的追求のためには機略縦横」

「岸が両岸といわれたのは、政治家として単調ではなかったからだ。一方の岸だけに顔を向けて、他方の岸を押さえつけるのではない。あらゆる選択肢を手中におさめておく。それが妖怪といわれたゆえんだ」

「岸だったら安倍首相のように靖国参拝しなかったのではないだろうか」

首相が岸の思想と寛の行動をついでいるというのは単純すぎる見方だろうか。長期政権をねらうなら、見習うべきは岸の行動のような気がしてならない。

6番目は、シニアが支える長老支配（ジェロントクラシー）型の政権の布陣にしてきたことだ。

麻生太郎副総理・財務相と菅義偉官房長官を内閣の要に、党では谷垣禎一幹事長、高村正彦副総裁を政権のつっかい棒にしてきた。谷垣が自転車事故で退いたあとは幹事長に二階俊博を起用し、二階もこれにこたえるかたちで2期から3期への総裁任期の延長、他派にさきがけての3選支持など安倍体制を先頭に立って引っぱっていく役回りをしている。

彼らの共通項は2次政権での安倍のカムバックが自らのカムバックにもつながったという点だ。安倍をささえることが自らの政治的な影響力の維持でもあった。安倍とともに若手の頭をおさえてきたといえなくもない。

中曽根康弘首相の時代は、安倍晋太郎、竹下登、宮沢喜一の「安竹宮」、小泉純一郎首相の時代の麻生太郎、谷垣禎一、福田康夫、安倍晋三の「麻垣康三」と自民党は次代のリーダー候補を競わせながら育ててきたものだ。

安倍政権では「ポスト安倍は安倍」といわれる時期がながくつづいた。

2015年10月の第3次改造内閣の顔ぶれにそんな安倍の人事が端的にあらわれていた。10月19日付の日経のコラム「核心」でそんな実相を明らかにした。

気心と戦略の安倍体制、「蚊柱」の均衡に危うさも

人事をやると権力の姿がくっきり浮かんでくるものだ。第3次安倍改造内閣の顔ぶれは代わりばえがしないものの、首相主導の人事はすっかり定着した。

自民党五役の1人は「細かいところまで首相が自分で人事をしているのが伝わってきた。

今や権力政治家になっている」と評する。

安倍人事の特徴は、気心と戦略だ。政権の中枢を気心の知れたメンバーでかためる。政権の基盤がゆるがないよう戦略的な陣立てにする。そして「次」をうかがう面々をからめとる。

ただ政権が微妙な均衡のうえに成り立っているのは確かだ。政治権力の均衡は存外もろいものでもある。

2012年12月の第2次内閣の発足、14年9月の改造、そしてこんど。3回の人事の共通項のひとつである気心は3つの結合からなる。同志、思想、友人だ。

同志的結合は、政権をつくった立役者たちである。菅義偉官房長官、麻生太郎副総理・財務相、甘利明経済財政相の3人だ。安倍晋三首相をふくめ名前の頭文字をとって3A＋Sといわれる枢軸ラインである。

なかでも首相経験者で政治家としても先輩の麻生氏と首相の関係はどこかぎくしゃくしたところがあるとみられがちだが、どうもそうでもないらしい。

懇談の席などでも麻生氏は決して昔のように晋三とは呼ばない。総理という。官邸の首相執務室に入るとき必ず一礼する。退席するときも一礼する。首相というポストに敬意を払う。ここが2人の関係の肝だ。

2つ目の思想的結合は、保守派の議員である。別の呼び方をすると8月15日などに靖国神社を参拝する靖国の人たちだ。新藤義孝、古屋圭司、山谷えり子の各氏、高市早苗総務相、稲田朋美政調会長らである。

07年の退陣後、首相に手のひら返しをしなかった人々といいかえてもいい。

3つ目の友人的結合は、しばしばいわれるお友達である。塩崎恭久厚労相とは若いころのNAISの会の仲間だ。総裁特別補佐や官房副長官のこんどの人事もそうみられている。

岸田文雄外相とも似たところがある。1993年の初当選同期で、2人がともに語るエピソードがある。自民党青年局で一緒に台湾をおとずれた際、乾杯の酒を岸田氏が下戸の安倍氏に代わって受けて飲みつぶれたという思い出話だが、若いころの共通体験は不思議と人の結びつきを強める。

もうひとつの共通項である戦略人事は、互恵と緊張の2つからなる。

二階俊博総務会長とは首相自身が認めるように戦略的互恵関係そのものだ。権謀術数とみられがちな二階氏について「情の人」と気配りを欠かさない。二階氏もこれに応じて無投票再選の流れをつくった。

谷垣禎一幹事長とは信頼に近い関係になっているようだ。

昨年秋の消費税引き上げ先送りのとき――。

首相「15年の再増税はむずかしい。衆院を解散するしかありません」

谷垣氏「それなら引き上げの時期を明示すべきでしょう。選挙になっても党の金庫は大丈夫です」

先の国会会期の大幅延長で総裁選の日程が重なる際も「総理に迷惑がかかるようなことにはしませんから」と伝えた。首相は「谷垣さんは手堅いねぇ」と周辺に漏らしたという。

戦略的緊張関係なのが石破茂地方創生相だ。7月の石破氏の自民党についての「いやな感じ」発言や、派閥の旗揚げも快く思っていないらしい。

「ポスト安倍」の封じ込め戦略は、内閣と党の枢要なポストを政治キャリア豊かなシニアで固め、安倍応援団のジュニアで包囲する。まるで安倍首相の皮でからめられた「安倍川餅」のような状態だ。

長い間、日本政治をみてきた米コロンビア大のジェラルド・カーティス教授に聞いてみた。

「中選挙区のころの自民党内には緊張感があった。派閥を運営するためリーダーも訓練された。そのシステムが崩れた。緊張感がないからみんな一緒になる。しかし何のために一緒になっているのか分からない」

「官邸が強くなりすぎた。政府と与党が別々で調整をして政策をつくっていたが、党の反対ができない。野党も弱いから選択肢が見えない。日本政治のダイナミズムがなくなった」

安倍自民党をみていると「不均衡動学」を唱える岩井克人東大名誉教授の蚊柱理論にどこか似ている。

蚊の1匹1匹が勝手気ままに動いていても、蚊柱は全体としてひとつのかたちを保っている。蚊柱のマクロ的な均衡は、無数の蚊のミクロ的な不均衡のバランスのうえに成り立っている（『経済学の宇宙』）。

国会議員を蚊にたとえて申し訳ないが、派閥の連合体から、今や議員の集合体になった自民党。個々の動きはバラバラだが一見、派閥の時代よりまとまって動いているかのような印象さえ与える。まさに蚊柱だ。

その真ん中にはもちろん首相がいる。それを裏打ちするのが政権党の総理総裁としての権力だ。

だが権力に絶対はない。常に求心力を高めておく必要がある。それには、はっきりした目標の設定が欠かせない。政権が何をやるのかの明示である。一億総活躍社会の実現がそれにあたるのだろうか。蚊柱が単に群れて漂うだけのものになってしまっては困る。

7番目は、外交・安全保障で実績をあげてきたことだ。個人的な親密さをふくめ、外国要人との関係をきずいた。「地球儀を俯瞰《ふかん》する戦略的な外交」をかかげ、2次政権で安倍が訪問した国は76カ国・地域で、日本の首相が初めて訪れた国が22カ国もある（18年8月現在）。

長期安定政権で各国首脳の中でも久々に日本の首相の存在がクローズアップされたのは事実だ。G7サミットでもドイツのメルケル首相に次ぐ古顔になった。

16年の伊勢志摩サミット時には米大統領として初めてオバマの広島訪問を実現、その年末には自らもハワイの真珠湾をおとずれ、戦後に区切りをつけた。トランプ大統領との間でも個人的な関係を構築した。18年6月の米朝首脳会談をふまえ日朝首脳会談によって拉致問題への進展が期待されているのも安倍・トランプの「シンゾー・ドナルド関係」が背景にある。

行使は認められないと憲法解釈してきた集団的自衛権について限定的な行使は容認されると解釈を変更した。15年9月に成立した安全保障関連法で裏打ちした。日本と密接な関係にある他国に武力行使が発生し日本の存立が脅かされる明白な危険がある「存立危機事態」と認定すれば自衛権が行使できるというのがその内容だ。歴代内閣が手をつけなかった問題に踏み込んだもので、評価がわかれるところはあるが、ともかく歴史に残る決定をした。

8番目は、政官関係である。人事権をつかいながら官邸主導を確立した。そもそも1997年の橋本行革で官房長官・官房副長官による「閣議人事検討会議」が、閣議了解の幹部人事を事前審査することが決まり、運用されていた。約200人の幹部人事に関与できるようになった。2014年、さらに600人にまで拡大し、人事の拒否権と推薦権を内閣人事局に与えた。

各省の幹部人事の審査権を首相官邸が握った結果、官邸主導の体制が完全にできあがった。霞が関をがっちりグリップした。

以前のような各省庁による官僚主導から政治主導（内閣主導）に改めるねらいはたしかに奏功した。官僚主導を改めるため官邸が人事をチェックする制度は決しておかしなものではない。ところがこんどは「忖度《そんたく》」がいわれ、弊害が指摘されている。

森友学園や加計学園の問題がその流れのなかにあるのかどうかは議論のわかれるところだが、長期政権で官邸の力が強くなっているのは間違いない。

2018年4月23日付の日経朝刊コラム「核心」でその実態を明らかにした。

内閣人事局が2014年にできて首相官邸が府省幹部の人事権をにぎり、忖度がうまれて政策がゆがむようになった——。世の中ではそんなイメージができつつある。本当なのだろうか。

実は、官邸が幹部人事に関与する仕組みができたのはもっと前で1997年。官房長官を中心とする人事検討会議がそうだ。橋本龍太郎内閣の行政改革会議の提言を受けたものだった。内閣人事局で600人の評価をするようになったが、安倍1強の長期政権で各省へのグリップがきいているとみた方がよさそうだ。

ではどこまで官邸で人事を差配しているのか。具体例をあげながら点検してみよう。「官僚たちの夏」の終わりに浮かびあがってくるのは、安倍官邸の人事の4原則とその運用の問題である。

「官僚たちの夏」の終わり——幹部人事の傾向と対策

17年夏の霞が関。関係者が息をひそめて見守っていた人事があった。経済産業省の事務次官だ。嶋田隆氏（昭和57年入省）が昇格するかどうかだった。東日本大震災のあと東京電力の取締役につき、官房長で経産省にもどり通商政策局長をつとめていた。

同期入省組のひとりは「嶋田を次官にしなかったら省内はおさまりがつかない」と言い切っていたが、ある経産次官経験者は「東電改革のすすめ方で官邸とぎくしゃくしていたからなぁ」と心配顔だった。嶋田次官は誕生、杞憂《きゆう》におわった。

なぜ彼らがピリピリしていたのか。その理由は、安倍官邸の人事の第1原則が「各省の既定路線による順送りはしない」だからである。

同期の順位がきちっと決まっていた旧海軍の「ハンモックナンバー」ほどではないにしろ、各省では幹部の序列はあらあら定まっていき、この期なら誰が事務次官かという暗黙の了解ができあがっていくものだ。

各省の秘書課長―官房長―事務次官のラインで決めていく官の人事構想。政は大方認めてきた。しかし官僚主導の根っこはそこにあるとみた。幹部人事を官邸で一元的にチェックし、内閣主導をはっきり示そうとしたのが人事検討会議であり、その拡大版である内閣人事局だった。

霞が関を驚かせた人事はいくつもある。ひとつの例が総務省の事務次官人事だ。13年、本命視され〝次官待ち〟の総務審議官だった大石利雄氏（昭和51年入省）が消防庁長官に回った。別の同期が総務次官になった。官邸の意向が働いたとみられた。さらに人事権をみせつけたのは1年後の14年。大石氏は次官ポストについた。同期のトップをはずさなかった。官僚秩序を守るかたちをとった。

財務省で昭和54年入省組から3人の次官が出たのも異例だった。ある大蔵次官経験者は「昭和28年、49年など同期で2人次官が出たことはあるけど、3人というのは安倍内閣でなかったら誕生しなかっただろうね」と語る。

各省の「簿価評価」ではなく、政権にとっての「時価評価」で人事を行っているとみていい。

人事の第2原則は「政権の政策目標を実現するための布陣とする」だ。しばしば語られるのが奥原正明氏（昭和54年入省）の農水次官起用だ。16年、同期のあとをおそった。内閣が進めようとしていた農協改革の推進者だった。

第3原則は「現場の士気向上を促し、政権の姿勢をアピールする」というものだ。事務のキャリア組の指定席だった海上保安庁長官に海保出身者を起用し、水産庁長官や林野庁長官に技官をあてたのもそうだ。

13年の村木厚子氏（昭和53年入省）の厚生労働次官への起用も、女性活躍をかかげる内閣の目玉人事でもあった。

第4の原則も忘れてはならない。「事前に人事情報が漏れたら差し替える」というものだ。16年の外務省人事にそうした痕跡が残った。

各省側は人事でどんな対応をしているのか。主要省の次官に聞いた。

「夏の人事に向け、1月から官邸の根回しをはじめる。まず杉田和博官房副長官に人事案をあててみる。異論がなければいいけど、ここここは首相と官房長官にも話してみてと言われたら、機会をとらえ感触をさぐっていく」

一方、官邸筋は「人事はすべて官邸で決めているように言われるがそんなことはない。8割方は各省からあがってきた案のままだ」と漏らす。逆にいえば2割近くは各省案を触っていることになる。

官僚主導から内閣主導へと政治の運びをかえていくうえで、4原則は決しておかしなことではない。

問題は運用にある。主要ポストを歴任し半世紀以上にわたって霞が関をみてきた官僚OBは次のように指摘した。

「人事には権力者の自制心がなにより大事だ」

「事務次官や官房長ににらまれても1、2年たてば代わる。それが官僚組織の風通しの良さにつながっていた」

「もし事務次官がおかしな人事だと思えば任命権者は大臣なのだから大臣と組んで官邸に対抗していくしかない」

竹下―村山7代の内閣で官房副長官をつとめた石原信雄氏が、学士会会報（18年3月）に寄せた随想の一節にこんなくだりがあった。

「政権及び与党の幹部に望みたいのは（略）当面（略）採用し難いもの（政策）であっても、発案した職員を差別しない雅量を持って欲しい」

制度は運用次第。運用は人次第。最後は人の問題ということなのだろう。


9番目は、安倍内閣が若者に支持されているということだ。一昔前は若者が革新支持で、年齢が上がるに従い保守支持が増えていくというのが一般的な傾向だった。ところが安倍内閣では若者の支持率が高く、団塊の世代を中心にシニア世代が低い。性別でみると内閣支持率は、男性が高く女性が低い。この傾向は完全に定着している。支持基盤が変化してきている。

日本経済新聞社とテレビ東京の世論調査のデータをみてみよう。18年7月の場合、全体の内閣支持率は45％で、年代別では20代58％、30代46％なのに対し、60代は34％しかない。男女別では男性が52％で、女性が36％と16ポイントも差がある。

この背景には有効求人倍率が1974年以来の高水準で推移し、完全失業率もほぼ完全雇用状態を示すなど、雇用情勢が良いことがある。とくに新卒の就職戦線は空前の売り手市場となっている。ここらも安倍内閣が支持される要因になっているとみられる。

10番目は、野党の問題だ。与党に対抗する勢力を結集できずにいるためだ。弱体野党が安倍政権の最大の援軍になっている。

民主党が失望をまねいて政権の座からすべりおちたあと失敗の総括ができないまま、民進党に衣替えした。17年10月の衆院選を前に希望の党への結集に期待が集まっていたところ、小池百合子代表の「排除発言」であっという間に人心が離れた。

枝野幸男代表らが旗揚げした立憲民主党が一定の支持はあつめている。ただ良くて10％台。国民民主党にいたっては政党支持率が1％か、調査によっては1％の数字さえあらわれず0％かといった悲惨な状況だ。

野党勢力がまとまって中道リベラルに保守の一部も取り込むような受け皿ができれば安倍政権の脅威になるのだが、とてもできそうにない。

では自民党は盤石かというとそんなことはまったくない。最後に日経朝刊2014年3月24日付とちょっと前だが、コラム「核心」を基本構図は変わっていないので紹介したい。

「自民党2・0」の危うさ——新たな統治の技見えず

自民党がすっかり変わってしまった。派閥がこわれ、権力の重心が首相官邸にうつり、保守の色合いがどんどん強まってきた——。

政権党にもどって1年3カ月。1955年の保守合同から来年で還暦。一党支配の55年体制下での自民党をバージョン1とすれば、現在はバージョン2＝2・0。時代も、制度も、組織も、なにもかもが違っているのだから当たりまえだ。自民党は昔の自民党ではない。

そこで問題なのが統治の技法だ。1・0のころ、つちかったものは、すでに通用しない。

だとすれば、新たなやり方を探っていかなければならないはずだが、どうにもはっきりしない。

政治を変えるのは、制度なのか、人なのか、しばしば議論のあるところだが、この20年の日本政治をふりかえると、制度の変更がまちがいなく効いている。

ふたつある。ひとつは、小選挙区の導入・政治資金の規制・政党交付金の創設を3点セットとした94年の政治改革だ。もうひとつは、省庁再編で首相のリーダーシップの強化をめざした、橋本龍太郎首相による「橋本行革」である。こちらは2001年からだから10年以上になる。

政治を突き動かすのに人の要素もやはり否定できない。「自民党をぶっ壊す」といって本当にその通りにした小泉純一郎首相の存在を抜きにして自民党の考現学は語れない。自民党1・0から2・0への分岐点は、01年から06年まで5年5カ月つづいた小泉政権にあったとみてよさそうだ。

その変化は何なのか。列挙してみよう。

その1＝派閥連合体から議員集合体へ

派閥単位で動く集団だった自民党。政治改革で資金が集まらなくなったところで、最後に残っていた調整機能だった人事権を完全に取りあげることにより、派閥にとどめをさしたのが小泉首相だった。

しかも公認候補や政党交付金の配分など党の執行部のさじ加減で決まる。派閥の領袖の経験者は「とくに国からの資金の配給が問題だ。配給制度になると決まって権限と利権をうむ」と、派閥がはるか後方に押しやられ執行部の影響力が強まっている現状を嘆く。

まして選挙は時の風で右へ左へと大きくゆらぎ、新人議員が量産される。12年の衆院選では119人の当選1回生が誕生、党幹部は写真入りの議員カードをつくり確認していたほどだ。

もはや派閥単位でまとめていくことはできない。単なる議員の集合体と化した自民党をどうたばねていくのか、まだその答えをつかめないでいる。

派閥が担ってきたリーダーの養成機能がどこにも見当たらないのも確実にこれから効いてくる。人がいなければ組織は回らない。

その2＝ボトムアップの政策決定機関から「官高党低」の政策追認機関へ

自民党といえば各省庁に対応した政調部会があって、そこが政官業の鉄の三角形のまん中で族議員活躍の舞台だった。部会から政調審議会、そして党の最高意思決定機関である総務会と下からの積み上げで物事が決まる仕組みだった。

変化のきっかけとなったのが「橋本行革」である。小泉内閣、民主党政権をへて、首相官邸主導が定着、「何でも官邸団」と、やゆされるほどだ。

政策調整でしばしば用いられる決めゼリフがある。「官邸の意向です」。まるで水戸黄門の印籠だ。ある有力閣僚は「それじゃあ直接、総理に確かめさせてもらう」といって押し返したことがある、と語る。

党の力が落ちている背景には、過去6回の小選挙区選挙をへて、自民党1・0時代の専門性の高い議員が減ったことがある。仕切り役のボス的存在は姿を消した。チェックしながらまとめていく機能の低下は、党の政策決定力に直結する。

その3＝現世利益追求型から保守の理念追求型へ

米ソ冷戦構造と右肩上がりの経済を背景に、利益の分配で成り立っていたのが自民党1・0。今や負担の分担を余儀なくされる中、党をまとめていくものは何か。現世利益を求めることができなければ、イデオロギーしかない。

15年デフレによる国力の低下、中国の膨張、ナショナリズムの高まりを踏まえ、党内では愛国保守の気分が強まる。経済重視の吉田茂の路線を引きつぐ田中・竹下派や宏池会の勢力が細り、保守の理念を重視する岸信介の流れをくむ町村派が第1派閥となっているのは時代の反映だろう。

自民党はキャッチ・オール・パーティー（包括政党）といわれる。総花的な政策をかかげ、さまざまな階層を取り込む国民政党だが、利益という結節点がなくなれば保守の理念で、くくるしかない。保守の色合いが濃くなっていくのは当然だとして、そこに危うさはひそんでいないだろうか。

東京の下町を選挙区とする、ある自民党の中堅議員は次のように語る。

「朝、駅前で演説していると、ごくろうさん、と声をかけられる。18年間、国会議員をやっているけど、こんなの初めてだよ」

たしかに安倍内閣の支持率も高いし、自民党政権は安泰に見える。しかし、自民党はまだ新しい統治の型を見いだせていない。民主党の治める力のなさを笑った自民党。「今日は人の上、明日は我が身の上」の戒めを忘れてはなるまい。

まとめ――平成という時代を区切る3つの10年

1989年から2018年までの平成の30年間の日本政治を振りかえってみると、10年単位で3つに区切れるような気がする。

最初が89年の竹下登政権の末期から01年の森喜朗政権までの10年ちょっと、次が01年の小泉純一郎政権から09年の政権交代まで、3番目が民主党政権から第2次安倍政権までだ。

制度改革の10年、制度活用の10年、制度運用の失敗と問題点も明らかになってきた10年である。

制度改革の10年

制度改革の10年はスキャンダルからはじまった。88年のリクルート事件に端を発し、92年の佐川急便事件、93年の金丸信・元自民党副総裁の逮捕と政治とカネがらみの問題が相次ぎ、政治改革を求める世論が沸騰、自民党批判が火を噴いた。

55年体制といわれた自民党長期単独政権にピリオドを打つ動きにつながった。93年には非自民連立の細川内閣が誕生した。

中選挙区制で政治にカネがかかり、金権体質がはびこっているのを改めるには、小選挙区制の導入と政治資金の規制が欠かせないという意見が大勢だった。それが政治改革関連法の成立につながった。その動きの中心にいた政治家が小沢一郎である。はじめての小選挙区選挙がおこなわれたのは96年10月だった。

政治とカネの問題は、族議員による「政官業のトライアングル」といわれた癒着構造に起因しており、それを改革する必要があるとの議論に発展した。族議員の背後には官僚がいて、官僚主導の仕組みを改め、内閣主導（政治主導）の意思決定にしていくためにも省庁再編による内閣機能の強化が促された。

そのための行政改革を進めたのが橋本龍太郎だった。日本型の政治ガバナンスの転換だった。橋本行革が実際にスタートするのは01年1月、森喜朗内閣のときだった。

背景には米ソ冷戦構造がくずれて経済のグローバル化が進み、国内的にはバブルが崩壊し長期不況に入っていくなかで、日本の統治構造を時代の変化に対応させていかなければならないという問題意識があった。

小選挙区制と省庁再編という制度改革は、憲法で定めている国の統治構造のあり方を大きく変えてしまう変革で、実質的な意味での憲法改正だった。憲法典の付属法の改正による憲法改革といえる。それを進めたのが90年代、平成の最初の10年だった。

制度活用の10年

制度活用の10年は、55年型の自民党の破壊だった。01年、小泉純一郎が古い自民党をぶっ壊すと叫んで総裁選を勝ち抜き首相になり、その通りに自民党に自壊作用をおこさせ、ついには政権の座からおりざるを得ないところまでもっていってしまった。

小泉は何を壊したのか。5年5カ月の政権担当の間、まず政敵だった経世会（当時は橋本派）の力をそぎ、田中派・竹下派を軸として動いてきた自民党の派閥秩序を壊した。下からの積み上げによる物事の決め方も改め、分配を基本とする自民党政治のものの考え方までも変えようとした。

小泉がやったことは、小沢の小選挙区と橋本の内閣主導の仕組みという制度改革を巧みに使い、政治的リーダーシップを確立して、改革を実現していったことである。それ以前の10年間の政治改革という名の制度改革を活用し、その果実を食べたのが小泉だった。本書で繰り返し述べてきたところだ。

そのあと安倍晋三・福田康夫・麻生太郎とちょうど1年ずつで内閣が交代していき、古い自民党＝小泉以前の自民党に戻そうという力が働くものの、いちど壊れかかったものは、もうもとに戻らない。当然である。政治の枠組み、制度がかわったのだから、それは無理だ。

自民党が小泉改革をふまえた新たな政党像をつくれないままに、政権交代の一点でむすびついた民主党に政権の座を奪われる。民主党の大勝も、小選挙区という制度がもたらしたものだった。政権交代可能な二大政党制をめざした政治改革の結果といえる。制度活用だった。

制度運用の失敗と問題点も明らかになった10年

制度の運用失敗と問題点も明らかになった10年は、民主党政権と12年12月に政権を奪取、長期政権になった第2次安倍政権をめぐる問題である。

政権交代をかかげて政権の座についた民主党だったが、官僚機構を使えず、与党内の意思決定もうまくいかないなど、政治的な未熟さによって政権運営に行き詰まり、3年3カ月であえなくその座からすべり落ちた。

政治主導の仕組みをうまく使えなかった。それを可能にする人材も育っておらず、そのノウハウもなかった。制度の運用に完全に失敗した。

安倍政権を支えた何よりのものは民主党政権の失敗の記憶だった。政権担当後4回の国政選挙に勝利し「安倍一強」といわれたが、それをもたらしたのは小選挙区制と内閣主導（官邸主導）の制度改革によるものだった。小泉につづいてそれをうまく活用しているわけだ。

ただ運用の問題点も明らかになった。小選挙区からうまれた12年の衆院選初当選の「魔の3回生」などには明らかに政治家としての資質を疑わせる議員もいて、政治不信をもたらしている。

安倍政権が長くなり政策決定で各省が思考停止状態になり、さまざまな判断を官邸にあげているといった指摘も出ている。とりわけ内閣人事局の創設によって首相官邸が600人からの幹部人事をチェックする権限を持った結果、官僚の「忖度」が本当にはびこっているとすれば問題だ。ただそうしたイメージがつくられてしまったことは否めない事実である。運用の行きすぎを抑止するための対応策の検討を求める向きもある。

最後に触れておきたいのは、30年たって政党の体制がもとにもどってしまったということだ。30年間、自民党が下野して非自民連立政権ができて、自社さ連立になって自公連立に代わり、民主党政権が誕生した。そして再び自公連立にもどり、目まぐるしく動いてきた。

しかし現状はどうか。自民・公明・立憲民主・国民民主・共産の5党が政党の基本の枠組みになっている。自公連立で、しかも自民1強である。

思いおこせば55年体制といわれた昭和のころは自民・社会・公明・民社・共産の5党で、自民党が万年与党で社会党がその半分の勢力しかなく1カ2分の1政党制といわれた。ちかりに立憲民主党を社会党、国民民主党を民社党と想定すれば、まったく同じである。30年たって、ひと回りということだ。

平成の政治とは何だったのか。後世の史家はどう評価するのか。政治改革で制度をかえてみたものの、政権交代可能な政治体制にはならずに、もとにもどっただけといわれてしまうのは余りに切ない。

あとがき

本書は、もうじき刊行する御厨貴との共著『平成の政治』の姉妹編である。同書は、二人の共通の知人であるジェラルド・カーティスさん（米コロンビア大名誉教授）、大田弘子さん（政策研究大学院大教授）、蒲島郁夫さん（熊本県知事・東大名誉教授）といっしょに平成の30年の政治について語りあったものだ。政局や政策などそれぞれのテーマごとに、横ぐしを通した内容となっている。

その本の構成を考えていたなかで、平成の政治に関して縦に時間を追ってまとめることまで同時に達成するのはむずかしいのに気づいた。

ではどうするか。別に編年体の平成の政治に関する本を書くしかないと思い定めた。そこで取りかかったのが本書の執筆である。ちょうど日本アカデメイア「マスコミ交流会」で報告していた平成の政権の歩みのメモも手元にあった。

それは、自らがずっとウォッチしてきた国内政治の歴史を振りかえることでもあった。

1979年（昭和54年）に政治部に配属になり、平成の時代はサブキャップ・キャップ・編集委員・デスク・部長と2005年まで前線にいた。その後、大阪勤務などをへて11年から論説委員として後衛の位置に回っているが、自分自身の記者人生と重なり合っているからだ。

独断と偏見のそしりをおそれずに、政権の特色を簡潔にまとめ、平成の政治を大づかみにすることをめざした。政治家の回顧録などの内容も盛り込み、あらためて政治の流れを検証している部分もあるはずだ。

当時、署名入りで書いた拙稿を再掲もした。今日からみると、ややずれているところがあるのは否定できない。ただそのころの空気を知ってもらうには恥をしのぶしかないとも考えた。僭越ながら『平成の政治』と本書を併せ読んでいただければ、日本政治の30年が縦と横から見えてくるのではないかと手前味噌に思っている。

ひとりで書くとどうしても思い違いや記憶違いがあるものだ。同僚の大石格、坂本英二の両論説委員には原稿を読んで間違いなど指摘してもらった。謝意を述べたい。もっとも政権のとらえ方についての見解の違いはいかんともしがたいので、了解してもらうしかない。

こうした本をまとめることができたのは日経政治部に長い間在籍し、多くの仲間とともに紙面をつくり、その後も論説委員会に所属して取材活動をつづけることができたからである。日経という会社でいっしょにやってきた先輩・後輩、皆さんに重ねてお礼を述べたい。

本書もまたいつものように日本経済新聞出版社編集部の野澤靖宏さんのお世話になった。深謝したい。

最後に個人的なことを付記することをお許しいただきたい。著者には子どもが3人いて、孫が7人いる。無理をしなくてもいいと言っているが、3世帯とも日経新聞を購読してくれている。ある嫁は「子どもが大きくなって、あなたのおじいさんは昔、こんな文章を書いていたのよ、と見せてやろうと思って」といって、署名入り記事を切り抜いてくれていた。

その話を聞いて、20年後、孫たちが成人しても恥ずかしくない記事を書かねばならないとあらためて思ったものだ。

その孫たちが成長して、もし平成のころはどうだったのだろうかと日本政治に興味を持つことがあれば、こちらは死んでいるか、記憶の定かでない世界をさまよっているだろうから、この本を手にとってほしい。そして、うちのじいさんは、政治記者としてずっと取材し書きつづけ、「生涯一記者」として生きたんだなと分かってくれたら望外の幸せだ。

2018年10月

芹川洋一

参考文献

芹川洋一「権力の二重構造」(『現代日本政党史録　第四巻』(第一法規2004年所収)
芹川洋一『政治をみる眼24の経験則』(日経プレミアシリーズ2008年)
蒲島郁夫・竹下俊郎・芹川洋一『メディアと政治・改訂版』(有斐閣2010年)
御厨貴・芹川洋一『日本政治ひざ打ち問答』(日経プレミアシリーズ2014年)
御厨貴・芹川洋一『政治が危ない』(日本経済新聞出版社2016年)
芹川洋一・佐々木毅『政治を動かすメディア』(東京大学出版会2017年)

《序章》

石原信雄『首相官邸の決断』(中央公論社1997年)
後藤謙次『竹下政権・五七六日』(行研2000年)
クリスチャン・カリル『すべては1979年から始まった』(2013年/北川知子訳・草思社15年)

《第1章》

石原信雄『首相官邸の決断』(中央公論社1997年)
海部俊樹『政治とカネ』(新潮新書2010年)

日本経済新聞社編『ドキュメント政権誕生』(日本経済新聞社1991年)
《第2章》
『聞き書　宮澤喜一回顧録』(岩波書店2005年)
宮澤喜一『新・護憲宣言』(朝日新聞社1995年)
『90年代の証言　宮澤喜一　保守本流の軌跡』(朝日新聞社2006年)
《第3章》
『内訟録　細川護熙総理大臣日記』(日本経済新聞出版社2010年)
『聞き書　武村正義回顧録』(岩波書店2011年)
小沢一郎『語る』(文藝春秋1996年)
『現代政治学叢書13　政党』(東大出版会1988年)
石原信雄『首相官邸の決断』中央公論社1997年)
《第4章》
『私の履歴書　森喜朗回顧録』(日本経済新聞出版社2013年)
野中広務『私は闘う』(文藝春秋1996年)
『村山富市の証言録　自社さ連立政権の実相』(新生舎出版2011年)
石原信雄『首相官邸の決断』(中央公論社1997年)
古川貞二郎『私の履歴書』(日本経済新聞出版社2015年)
『聞き書　武村正義回顧録』(岩波書店2011年)

日本経済新聞社編『「連立政権」の研究』（日本経済新聞社1994年）

《第5章》

『61人が書き残す政治家橋本龍太郎』（文藝春秋企画出版部2012年）
『橋本龍太郎外交回顧録』（岩波書店2013年）
古川貞二郎『私の履歴書』（日本経済新聞出版社2015年）

《第6章》

『野中広務回顧録』（岩波書店2012年）
『菅直人　市民運動から政治闘争へ』（朝日新聞出版2008年）
古川貞二郎『私の履歴書』（日本経済新聞出版社2015年）
『老兵は死なず　野中広務　全回顧録』（文藝春秋2003年）
『私の履歴書　森喜朗回顧録』（日本経済新聞出版社2013年）
『森喜朗　自民党と政権交代』（朝日新聞社2007年）

《第7章》

日本経済新聞政治部編『政治破壊』（日本経済新聞社2001年）
竹中平蔵『構造改革の真実　竹中平蔵大臣日誌』（日本経済新聞社2006年）
飯島勲『小泉官邸秘録』（日本経済新聞社2006年）
田中均『外交の力』（日本経済新聞出版社2009年）
古川貞二郎『霞が関半生記』（佐賀新聞社2005年）

《第8章》
後藤謙次『ドキュメント平成政治史3』(岩波書店2014年)
読売新聞政治部『真空国会』(新潮社2008年)
読売新聞政治部『自民崩壊の300日』(新潮社2009年)
大田弘子『改革逆走』日本経済新聞出版社2010年)
渡邉恒雄『反ポピュリズム論』(新潮新書2012年)
原彬久編『岸信介証言録』(毎日新聞社2003年)
『岸信介回顧録』(廣済堂出版1983年)
福田赳夫『回顧九十年』(岩波書店1995年)
『大平正芳回想録』(1982年)
佐藤昭子『決定版　私の田中角栄日記』(新潮文庫2001年)
《第9章》
後藤謙次『ドキュメント平成政治史3』(岩波書店2014年)
読売新聞「民主イズム」取材班『背信政権』(中央公論新社2011年)
読売新聞政治部『亡国の宰相』(新潮社2011年)
《第10章》
カール・シュミット『政治的なものの概念』(1932年/田中浩・原田武雄訳・未来社1970年)

平成政権史・年表

【竹下（平成期）・宇野・海部政権の歩み】

89年　1月7日――昭和天皇崩御　↓翌8日――平成と改元
　　　2月24日――大喪の礼
　　　4月1日――消費税3％導入
　　　　25日――竹下登首相が退陣表明
　　　6月2日――宇野宗佑内閣が発足
　　　7月23日――参院選で自民惨敗　↓翌24日――宇野首相が退陣表明
　　　　　（自民36〈非改選73↓合計109・過半数127割れ〉、社会46、連合の会11、公明10、共産5、民社3）
　　　8月9日――海部俊樹内閣が発足
　　　11月9日――ベルリンの壁崩壊
　　　12月29日――日経平均株価3万8915円と史上最高値　バブルの絶頂
90年　2月18日――衆院選で自民が安定多数を確保（自民275、社会136、公明45、共産16、民社14）

91年

8月2日——イラクがクウェート侵攻＝湾岸危機
9月24日——金丸元副総理ら自社代表団が北朝鮮訪問
10月3日——東西ドイツ統一
11月8日——国連平和協力法案が衆院で廃案
1月17日——多国籍軍がイラク爆撃＝湾岸戦争
24日——多国籍軍に90億ドル（最終総額130億ドル）支援決定
4月7日——都知事選で鈴木俊一氏が4選、小沢自民幹事長が辞任
5月15日——安倍晋太郎元幹事長が死去
9月30日——政治改革関連法案が審議未了・廃案
海部首相が「重大決意」示す→解散できず
10月5日——海部首相が退陣を表明

【宮沢政権の歩み】

91年

10月27日——総裁選で宮沢喜一新総裁を選出
（宮沢喜一285票、渡辺美智雄120票、三塚博87票）
11月5日——首班指名選挙⇒宮沢内閣が発足

92年

1月8日——金丸信が自民党副総裁就任を受諾
6月15日——PKO法成立
7月26日——参院選で自民勝利（自民69、社会22、公明14、共産6、民社4、日本新4）

8月27日——金丸が佐川急便からの5億円献金を認め副総裁辞任
↓10月14日議員辞職
8月30日——自民党軽井沢セミナーで宮沢首相が不良債権処理で公的資金導入検討を表明
10月23日——天皇訪中
12月18日——竹下派分裂、羽田・小沢派結成
93年
3月6日——東京地検が所得税法違反で金丸逮捕
5月4日——カンボジアPKOで文民警察官が死亡
31日——田原総一朗インタビューで宮沢首相が「政治改革必ずやる」と言明
6月18日——衆院本会議で宮沢内閣不信任が可決↓衆院解散
21日——新党さきがけ結成↓23日——新生党結成
7月7日——東京サミット
18日——衆院選で自民敗北（自民223、社会70、新生55、公明51、日本新35、民社15、さきがけ13、社民連4、共産15、無所属30）
22日——宮沢首相が退陣表明
8月4日——従軍慰安婦に関する河野洋平官房長官談話を発表

【細川政権・羽田政権の歩み】

93年
8月6日——衆参両院本会議で細川護熙首相を指名
9日——細川内閣が発足

10月12日――エリツィン大統領との日ロ首脳会談
12月14日――コメ部分開放受け入れ
94年 1月29日――細川首相、河野自民総裁トップ会談。政治改革法成立
2月3日――細川首相、国民福祉税構想発表
4月8日――細川首相が退陣表明
26日――社会党が統一会派「改新」に反発して連立離脱
28日――羽田内閣が発足
6月25日――羽田首相が退陣表明

【村山政権の歩み】

94年 6月29日――衆院本会議での首班指名選挙
第1回投票――村山241票、海部220票
決選投票　――村山261票、海部214票
6月30日――自民・社会・新党さきがけの3党連立による社会党首相の村山富市内閣が発足
7月20日――村山首相が衆院本会議で「自衛隊合憲」「日米安保堅持」を明言
12月10日――新進党が結党大会
95年 1月17日――阪神・淡路大震災
3月20日――地下鉄サリン事件
4月9日――東京都知事に青島幸男、大阪府知事に横山ノック――「青島ノック現象」

4月19日――円が1ドル79・75円の最高値
7月23日――参院選　投票率が過去最低の44・52％
与党65＋非改選86→計151／252（自民46〈選挙区31、比例15〉、社会16〈7、9〉、さきがけ　3〈1、2〉）
野党他　61＋非改選40→計101（新進　40〈22、18〉）
8月15日――村山談話を閣議決定
9月4日――沖縄で米兵による少女暴行事件
22日――自民党総裁選で橋本龍太郎が小泉純一郎を大差で破る
河野洋平は総裁選不出馬
96年
1月5日――村山首相が退陣表明

【橋本政権の歩み】

96年
1月11日――橋本龍太郎内閣が発足
4月12日――米軍普天間基地返還合意　5～7年内に全面返還
17日――クリントン米大統領と「日米安保共同宣言」
9月28日――民主党結成
10月20日――初の小選挙区比例代表並立制選挙
（小選挙区300＋比例代表200＝500）
自民239＋社民15＋さきがけ2　→　与党256

新進156　／　民主52

97年　12月17日――ペルーで日本大使公邸人質事件

97年　4月1日――消費税率5％に引き上げ

22日――ペルー人質事件決着

9月11日――第二次橋本改造内閣　⇩　佐藤孝行総務庁長官辞任

11月17日――北海道拓殖銀行が破たん

24日――山一證券が自主廃業

28日――財政構造改革法が成立

12月27日――小沢新進党首が解党宣言

98年　4月18日――エリツィン・ロシア大統領と静岡県川奈会談

27日――新民主党結成

6月1日――自社さ連立解消合意

7月12日――参院選で自民惨敗、橋本首相が退陣表明（自民61↓44／126）

【小渕政権・森政権の歩み】

98年　7月30日――小渕恵三内閣が発足

10月12日――金融再生法成立

16日――参院で額賀福志郎防衛庁長官に対する問責決議可決

99年　1月14日――自自連立内閣発足・改造内閣

5月24日―周辺事態法など新ガイドライン関連法成立
8月9日―国旗・国歌法成立
9月21日―自民総裁選で小渕総裁が再選
10月4日―自自公が連立合意・再改造内閣

00年 4月1日―自自党首会談
2日―未明・小渕首相が脳梗塞で緊急入院⇓5月14日死去
4日―臨時閣議で小渕内閣総辞職
5日―森喜朗内閣が発足
5月15日―森首相「神の国」発言
6月25日―衆院選・与党3党で安定多数確保
7月21日―沖縄サミット
11月21日―森内閣不信任案否決 ↑ 加藤の乱

01年 1月6日―省庁再編
2月10日―「えひめ丸」沈没事故
3月10日―森首相が退陣表明

【小泉政権の歩み】

01年 4月26日―第1次小泉内閣が発足
7月29日―参院選で自民大勝

02年　8月13日――小泉首相が靖国神社を参拝（以後、毎年1回参拝）
9月11日――米同時テロ⇓テロ特措法成立・自衛隊のインド洋派遣
1月29日――田中真紀子外相と野上外務次官を更迭
9月17日――小泉訪朝、日朝平壌宣言に署名⇓拉致被害者5人帰国
12月6日――道路公団民営化推進委が最終報告
03年　4月28日――日経平均株価が7607円
9月20日――自民総裁選で小泉首相が再選⇓22日再改造内閣発足
26日――民主・自由両党が合併
11月9日――衆院選で与党が安定多数
12月9日――自衛隊のイラク派遣を閣議決定
04年　1月19日――陸自先遣隊がイラク・サマワに到着
5月7日――福田官房長官が年金未納で辞任
22日――小泉首相が再訪朝、拉致被害者の家族5人が帰国
7月11日――参院選・自民不振、民主に敗北（自民49、民主50）
05年　8月8日――郵政民営化法案が参院本会議で否決。首相は衆院解散
9月11日――衆院選で自民が296議席の圧勝⇓郵政民営化法成立
06年　9月26日――小泉内閣総辞職（在任1980日）

【第1次安倍・福田・麻生内閣の歩み】

06年 9月26日――第1次安倍晋三内閣が発足
10月8日――安倍首相が中国訪問、胡錦涛国家主席と会談
12月4日――自民党が郵政造反組11人の復党決定
15日――改正教育基本法、防衛庁の省昇格関連法が成立
07年 5月14日――国民投票法が成立
28日――松岡利勝農水相が自殺
7月29日――参院選で自民大敗（自民37議席、民主60議席）
8月27日――内閣改造・党役員人事
9月12日――安倍首相が退陣表明
26日――福田康夫内閣が発足
10月30日――福田首相と民主党の小沢一郎代表による党首会談
11月2日――再会談、大連立摸索で一致 ↓民主党役員会の連立拒否で白紙に
08年 1月11日――新テロ対策特措法が衆院での再議決で成立
3月18日――政府の日銀総裁の人事案が参院で不同意
白川方明副総裁が総裁職を代行、4月9日総裁昇格
4月1日――後期高齢者医療制度が開始／ガソリン税の暫定税率が失効
7月7日――洞爺湖サミット

9月1日――福田首相が退陣表明
15日――リーマンショック
24日――麻生太郎内閣が発足
09年　7月21日――衆院解散
09年　8月30日――衆院選で自民大敗・政権交代へ（民主308、自民119）

【民主党政権の歩み】

09年　9月16日――鳩山由紀夫内閣が発足
11月11日――行政刷新会議が「事業仕分け」を開始
12月15日――普天間移設問題で日米合意を見直し、移転先を改めて選定する方針を決定
10年　5月30日――社民党が連立政権から離脱
6月2日――鳩山首相が退陣表明
8日――菅直人内閣発足
7月11日――参院選で民主党が敗北（54↓44議席／自民38↓51議席）
9月7日――尖閣諸島沖で中国漁船が海上保安庁の巡視船に衝突
11年　3月11日――東日本大震災
6月2日――菅首相が条件付き退陣を表明　↓　8月26日退陣表明
9月2日――野田佳彦内閣が発足
12年　7月2日――社会保障・税一体改革法案に反対の小沢ら52人が民主党離党

11日——小沢らが新党「国民の生活が第一」結党
8月8日——民自公3党合意
野田首相・谷垣自民総裁・山口公明代表が「近いうちに国民に信を問う」で一体改革関連法案の早期成立合意
10日——一体改革関連法成立——消費税14年4月8％、15年10月10％に引き上げ
9月11日——尖閣諸島を国有化
11月16日——衆院解散
12月16日——衆院選で民主党大敗（民主57、自民294・公明31）

【第2次安倍政権の歩み】

12年 12月26日——第2次安倍晋三内閣が発足
13年 3月20日——日銀総裁に黒田東彦氏が就任
7月21日——参院選で自民が大勝（自民115＋公明20／民主59）
自公が衆参両院の過半数獲得
9月8日——2020年夏季五輪の東京開催決定
12月6日——特定秘密保護法が成立
26日——安倍首相が靖国神社を参拝
14年 4月1日——消費税率を8％に引き上げ
7月1日——集団的自衛権の行使容認を閣議決定

15年 11月21日――衆院解散（アベノミクス解散・消費税再引き上げ延期）
12月14日――衆院選で自公326議席（291＋35）圧勝。3分の2維持（民主73）
24日――第3次安倍内閣が発足
8月14日――戦後70年の首相談話を閣議決定
9月8日――安倍首相が無投票で自民党総裁に再選
19日――安全保障関連法が成立
12月28日――慰安婦問題をめぐる日韓合意「最終的かつ不可逆的解決」
16年 5月26日――伊勢志摩サミット
27日――オバマ米大統領が広島訪問
6月1日――消費税10％への引き上げ2年半再延期＝19年10月
7月10日――参院選で自公勝利（121＋25＝146）
維新（12）などを加え参院で改憲発議の3分の2（162）確保
8月8日――天皇陛下が退位の意向示す「おことば」表明
12月15日――山口県長門市で日ロ首脳会談
28日――安倍首相が米ハワイの真珠湾訪問
17年 5月3日――安倍首相が憲法9条に自衛隊明記、20年施行の目標表明
6月9日――天皇陛下の退位を実現する特例法成立
7月2日――東京都議選で自民党（23議席）が歴史的惨敗

9月28日――衆院解散
10月22日――衆院選で自公（284＋29）勝利。3分の2（310）維持
11月1日――第4次安倍内閣が発足

18年
3月9日――森友文書改ざんで佐川国税庁長官辞任
6月12日――米朝首脳会談
9月20日――安倍首相が自民党総裁3選

芹川洋一 せりかわ・よういち

日本経済新聞論説フェロー。1950年熊本県生まれ。東京大学法学部卒業、同新聞研究所修了。76年日本経済新聞社入社。79年から2005年まで政治部に所属し、編集委員、政治部長を務めた後、大阪編集局長、論説委員長、論説主幹等を経て現職。『憲法改革――21世紀日本の見取図』(日本経済新聞社)、『政治が危ない』(共著、日本経済新聞出版社)、『政治を動かすメディア』(共著、東京大学出版会)など、著作多数。18年10月からBSテレ東「NIKKEI日曜サロン」キャスター。

日経プレミアシリーズ | 390

平成政権史《へいせいせいけんし》

二〇一八年一一月八日 一刷

著者 芹川洋一

発行者 金子 豊

発行所 日本経済新聞出版社
https://www.nikkeibook.com/
東京都千代田区大手町一―三―七 〒一〇〇―八〇六六
電話 (〇三)三二七〇―〇二五一 (代)

装幀 ベターデイズ

組版 マーリンクレイン

印刷・製本 凸版印刷株式会社

ISBN 978-4-532-26390-4 Printed in Japan

日経プレミアシリーズ364

2030年　未来への選択

西川　潤

未来は占うものではなく、私たちがどのように関わり、何をどう選択するかによって決まる——。人口、食料、エネルギー、資源、成長率などの公的予測をもとに、世界ガバナンスのシナリオ、資本主義の変容、ポストグローバル化のゆくえまで、2030年の世界像を深掘りする。

日経プレミアシリーズ365

日本人は知らない中国セレブ消費

袁　静

中国人の団体がいない所に行きたい——洗練された服装で、静かに旅する中国人訪日客が増えています。日本人と同等かそれ以上の収入がある彼ら「プチ富裕層」はどんな商品、サービスを求めているのか。寿司は白身魚よりサーモン、「お冷や」の提供はやめてほしい、旅館はもっと高くてかまわない……中国の新階層の消費のツボに迫ります。

日経プレミアシリーズ367

経済の不都合な話

ルディー和子

経済やビジネスをめぐる議論が現実離れするのは、偽善や机上の空論による「お約束」に支配されているからだ。会社存続の動機は「経営者のエゴ」、顧客なんて「不実な愛人」、「日銀の約束」を誰も信用しない理由……。感情が理性より優位に立つ時代、人間の本性に基づいて展開する、少し言い出しにくい世の中の真実。

日経プレミアシリーズ370

仮想通貨バブル

日本経済新聞社　編

580億円もの不正流出事件に見舞われたコインチェック。投機マネーに煽られ、わずか3年で100倍に急騰したビットコイン。相次ぐ分裂を主導する中国の「採掘者」たち。玉石混交のICO。いち早くルール整備に動いた日本……。日経の取材記者が「仮想通貨」の実態に迫る！

日経プレミアシリーズ372

〝社風〟の正体

植村修一

御社は、どんな社風、文化ですか？　こう聞かれて何も思いつかない人はいない。だが「社風、企業文化とは何か？」と問われると答えに困る。本書は、そんな「組織体質」の謎を解明し、国、地域、業界でどんな違いがあるのか、またパワハラが横行するブラック企業、不正続発の会社、イノベーションを生む会社の間にはどんな違いがあるのか詳しく解説する。御社の社風、企業文化を再点検してみませんか。

日経プレミアシリーズ373

かかわると面倒くさい人

榎本博明

シンプルな話を曲解してこじらせる、持ち上げないとすねる、みんなと反対の意見を展開せずにはいられない、どうでもいいことにこだわり話が進まない、「私なんか」と言いつつ内心フォローされたがっている……なぜあの人は他人を疲れさせるのか？　職場からご近所、親戚関係まで、社会に蔓延する「面倒くさい人」のメカニズムを心理学的見地から徹底的に解剖する。

日経プレミアシリーズ 378

AI 2045

日本経済新聞社 編

空気を読まずに人事評価、脳の働きすべて再現可能、AIを使いこなせない弁護士は失格――。AIは人類の能力・知性を2045年にも追い抜くと予測されている。人類にとってどういう意味があるのか、人、企業、国家の未来はどうなるのか。脅威を感じながらも、AIに学び、共存への道を探ろうとしている人々の姿を描く。

日経プレミアシリーズ 382

働く女性　ほんとの格差

石塚由紀夫

働く女性で、「職場の女性活躍推進を実感できている」のはたった2割弱？　一体何が彼女たちの行く手を阻んでいるのか。家庭とのバランスに悩むワーキングマザー、子育て優遇にモチベーションを下げる独身女性、非正規社員や専業主婦のジレンマ、立ちはだかる「おっさん型社会」の壁など、日経編集委員が浮き彫りにし、女性社員の力を生かすための処方箋を示す。

日経プレミアシリーズ 387

歴史で読む中国の不可解

岡本隆司

南シナ海に平然と人工島を作り、沖縄の領有権を主張する――。常識からかけ離れた中国の不可解な行動だが、2000年の歴史をひもとけば無理なく説明できてしまう。反日、腐敗、権力闘争から民族問題、地下経済まで、隣国の奥底に潜む独自の論理を、歴史家の視点で解明する。